管理影响力

张义福 ◎ 著

云南科技出版社
· 昆明 ·

图书在版编目（CIP）数据

管理影响力 / 张义福著. -- 昆明：云南科技出版社, 2024.11. -- ISBN 978-7-5587-6050-1

Ⅰ.C93

中国国家版本馆CIP数据核字第2024XB8322号

管理影响力
GUANLI YINGXIANGLI

张义福　著

出　版　人：温　翔
责任编辑：叶佳林
特约编辑：郁海彤　刘明纯
封面设计：李东杰
责任校对：孙玮贤
责任印制：蒋丽芬

书　　号：ISBN 978-7-5587-6050-1
印　　刷：三河市燕春印务有限公司
开　　本：710mm×1000mm　1/16
印　　张：12
字　　数：143千字
版　　次：2025年1月第1版
印　　次：2025年1月第1次印刷
定　　价：59.00元

出版发行：云南科技出版社
地　　址：昆明市环城西路609号
电　　话：0871-64192372

版权所有　侵权必究

前　言

在组织生态的广袤天地中，有一种力量宛如磁石般强劲有力，它宛如无声的溪流，悄然无息地渗透到每一个细微的角落，深深地吸引并触动着每一位成员的内心。这种神秘而又强大的力量，我们赋予它一个特定的称谓——管理影响力。它不仅仅是一条连接组织内部各个环节与外部世界的隐形纽带，将个人与集体紧密相连，更是推动组织在充满不确定性和风云变幻的环境中稳健前行、勇破风浪、奋勇发展的核心动力源泉。

在商海之中，管理影响力犹如点石成金的神奇力量，引领企业破浪前行，缔造商业奇迹；在职场之上，它似一面鲜明的旗帜，引领团队朝着共同目标奋力冲刺。

正如空气、水和食物对于人类生存的重要性一样，管理影响力是组织不可或缺的要素。它不仅能够促进组织内部的和谐与协作，提升团队凝聚力与执行力，还能够增强组织对外部环境的适应力与竞争力，为组织的长期发展奠定坚实的基础。

我们相信，管理影响力是每一位追求卓越的管理者必须掌握的关键能力。正是基于这一深刻洞察，我们编写了这本《管理影响力》。本书深入探讨了管理影响力的内涵、价值、塑造与提升策略、实践案例以及未来发展趋势，通过全面深入地阐述在自我提升、对下级的管理力以及对内部的平衡力等方面的理念与方法，助力管理者塑造其独特的魅力和强大的影响力。

书中不仅涵盖了丰富翔实的理论框架与清晰明了的思路，还精心选取了大量真实生动、贴近实际的案例进行分析与实用的技巧指导，帮助读者在实际工作中能够灵活自如地运用管理影响力，巧妙地解决各种管理难题，切实提升管理效果。

我们期待本书能够成为每一位管理者手中的行动指南，能够与每一位管理者共同开启管理影响力的崭新篇章。让我们携手并进，在不断探索与实践中持续挖掘和解锁管理影响力的深层力量，为组织的未来发展注入源源不断的动力与活力！

目 录

第1章 看透本质：管理影响力是什么

什么是管理影响力 / 2

职权影响力与非职权影响力 / 4

管理影响力是可以复制的 / 7

提升管理影响力的十重修炼 / 10

第2章 领导思维决定团队上限

成为有战略思维的管理者 / 15

树立威信，形成团队凝聚力 / 18

成为一名具有号召力的管理者 / 23

尊重公司内部不同的声音 / 25

高明的管理者不会盲目施压 / 30

留有余地是管理的顶级智慧 / 32

第3章 明确个人定位，无须事必躬亲

管理就是通过别人达成结果 / 36

管理者只做重要的事 / 40

让命令得到高效执行 / 43

不要掉入反授权的陷阱 / 46

扮演好管理者的多重身份 / 49

优秀的管理者是"造梦"大师 / 53

第 4 章　打造管理者的人格魅力

人格魅力是管理力的精髓 / 57

修炼自己的"人格魅力" / 60

成大事的管理者，必须能抗压 / 63

管理者要有高情商 / 66

喊破嗓子，不如做出样子 / 70

勇于担责是赢得尊重的关键 / 72

第 5 章　设定目标，做好远期规划

没有目标的努力，只是在浪费时间 / 77

设定清晰而可行的目标 / 79

个体、组织目标一致，才能激发工作动力 / 82

制定目标要符合 SMART 原则 / 85

做好目标分解，明确执行计划 / 89

目 录

第6章　高效沟通让团队成员效率翻倍

沟通力就是影响力 / 95

优秀的管理者更懂得倾听 / 98

通过周例会提升管理效能 / 101

命令让人屈服，说服让人心悦诚服 / 104

一则小故事，胜过十个大道理 / 107

第7章　人尽其才，打造高效能团队

人才多样化，实现优势互补 / 111

发挥团队成员长处，深谙用人之道 / 114

巧挖团队成员潜力，提升技能水平 / 118

探知企图心，引爆团队成员内驱力 / 123

不拘一格用人才，打破"标准"思维 / 126

给下属提供支持，让他发光发热 / 129

提拔具备领导能力的团队成员 / 133

第8章　绩效考核，促进团队成员成长的机制

绩效管理的三大陷阱 / 137

绩效考核的五大指标 / 140

绩效辅导：绩效提升的催化剂 / 143

没有绩效反馈，绩效＝无效 / 147

以客户期望为团队成员绩效目标 / 149

既有定期激励，也有即时激励 / 153

第9章　懂得授权，团队成员更优秀

学会放权，才能更好地促进落实 / 158

不信任，是对团队成员最大的浪费 / 161

让团队成员成为公司的主人 / 165

用"嘴"留人，不如用"事业"留人 / 168

第10章　制度不败，用法治代替人治

制定制度的四个原则 / 172

制定制度的八个步骤 / 175

热炉法则，触碰规则就会被"烫" / 179

制度比个人能力更为重要 / 181

第1章

看透本质：
管理影响力是什么

什么是管理影响力

当我们频繁地在各种媒体上见到"管理力"这一热词时，实际上也是在探讨一个更为宽泛而深刻的话题——管理影响力。

在很多时候，管理力与管理影响力都被视为同义词，但细细品味，实则二者之间存在微妙的差异。管理力更多地被视为一种战略规划及方向引领的能力，而管理影响力则是侧重于凭借个人魅力、专业能力、情感智慧和道德品质等多维因素，对他人产生深远而持久影响的能力。

管理影响力的达成过程，通常遵循着从强制服从到内化，再到个人认同的渐进步伐。在强制服从阶段，管理者依靠外部手段来维持秩序；在内化阶段，被管理者开始从心底认同管理者的想法与价值观；而在个人认同阶段，被管理者与管理者之间达成高度的默契与共鸣，形成强大的团队凝聚力。此时，管理影响力发挥出了其最大的效能，组织也步入了最辉煌的发展时期。

简而言之，管理影响力是一种能够深刻影响，并改变他人心理与行为的能力。它超越了传统意义上的权力控制，而是通过一种无形的力

第1章 看透本质：管理影响力是什么

量，激发团队成员的内在动力与潜能，为实现组织目标共同努力。这种力量既源于法律、职位、习惯等外界赋予的权威（即职权影响力），更源于管理者个人的品格、能力、情感与智慧（即非职权影响力）。

其中，职权影响力作为管理影响力不可或缺的组成部分，具有明确的强制性和不可抗拒性，通过奖励与惩罚等外部手段，维持组织的秩序与效率。然而，这种影响力虽然能够带来表面的顺从与稳定，却难以触及被管理者内心深处的需求与欲望，无法完全激发他们的内在动力与创造力。

相比之下，非职权影响力则显得更为宝贵与强大。它源自管理者个人的独特魅力与卓越才能，通过心灵的触动与价值观的共鸣，使被管理者从内心深处产生认同与信任。这种影响力具有深远性和持久性，能够跨越时间与空间的界限，持续地激励与引领团队前行。当管理者能够以高尚的道德情操、积极的人生态度以及独特的个人魅力，赢得团队成员的尊重与信赖时，其管理影响力便达到了一个新的高度。这就是为何拥有相同权力的两个人，却给人截然不同的感觉，主要缘由就在于二者的非职权影响力存在差异。

为了增强非职权影响力，管理者需要不断提升自身的个人魅力与专业能力。个人魅力是吸引并影响他人的重要法宝，而专业能力则是带领组织不断前进的基石。当管理者具备高尚的品格、卓越的才能以及深厚的专业知识时，他们便能够在团队中树立起威信与威望，成为众人追随的楷模。

在快速变化的商业环境中，管理者需要深刻理解并重视管理影响力的作用与价值，通过不断提升自身的个人魅力与专业能力，来增强非职权影响力的构建与运用。

构建并增强非职权影响力，管理者需要不断自我革新，像海绵吸水一样吸取新知识，无论是行业前沿的动态、管理理念的更迭，还是人际关系的精妙处理，都力求尽善尽美。同时，管理者还要勇于走出舒适区，敢于面对挑战，用实际行动诠释"管理者先行"的深刻内涵，使团队在耳濡目染中学会担当与成长。

当然，这并不意味着权力影响力就失去了价值。在关键时刻，合理而审慎地运用权力，能够迅速整合资源、解决冲突、推动项目高效执行。关键在于，权力应当成为服务团队、促进目标的工具，而非个人意志的强加。

由此可见，管理影响力作为一种无形却强大的力量，对于组织的成长与发展有着至关重要的意义。

职权影响力与非职权影响力

如前所述，管理者的影响力可以分为两种类型：职权影响力和非职权影响力。这两种影响力就像管理者的两只手，缺一不可。能够在实际工作中平衡并巧妙地运用这两种影响力，是管理者带领团队走向成功的关键。

第1章 看透本质：管理影响力是什么

职权影响力源于管理者的职位以及对应的权力。这种影响力让管理者能够下达命令、控制资源、分配任务、实施奖惩等。在组织结构中，职权影响力是确保团队按照既定方向前进的重要工具。例如，当一项紧急任务需要快速完成时，职权影响力就能让管理者迅速指挥团队，确保每个人都朝着同一个目标努力。

例如，二战期间，美国军队的艾森豪威尔将军依赖职权影响力，成功指挥了诺曼底登陆这一关键的军事行动。作为盟军最高指挥官，他有权制定战略、分配任务、协调资源。这种职权影响力使他能够果断下达命令，并确保这些命令得以严格执行。正是这种职权影响力，保证了如此复杂的作战计划得以顺利实施。

职权影响力虽然直接而有效，却也有它的局限性。过度依赖职权，会让团队感到被控制，缺乏自主性和创造力。职权影响力会忽视团队成员的情感和需求，这会造成反感和抵触，最终影响整个团队的士气和效率。管理者在运用职权影响力时，还要懂得运用非职权影响力。

非职权影响力是一种更为柔性的影响力，它不依赖于职位赋予的权力，而是基于管理者的个人特质、专业能力以及与团队成员的关系。这种影响力在管理中起着至关重要的作用，因为它能够深刻地影响团队的文化和团队成员的内在动机。

个人魅力是非职权影响力的重要来源。一个具备个人魅力的管理者，往往能够通过自身的言谈举止，获得团队成员的关注和尊重。

史蒂夫·乔布斯就是这样一个典型的例子。虽然他在苹果公司有着极高的职权，但真正让他成为一个伟大管理者的是他的个人魅力和领导风格。乔布斯的非职权影响力不仅仅体现在他那"管理者能做到最好"的严厉眼神中，更体现在他对创新的不懈追求。他的团队成员并非因畏

管理影响力

惧他的职权而工作,而是因为他们内心深处认同并追随他的愿景。这种影响力,就像磁石一样,吸引着整个团队,激发出他们最大的创造力。

除了个人魅力,专业能力也是非职权影响力的重要组成部分。当管理者在某一领域展现出深厚的专业知识和卓越的判断力时,团队成员会自然地对其产生信任,并愿意听从其指导。

杰克·韦尔奇,作为通用电气的前首席执行官,以其卓越的管理能力和深厚的专业知识,赢得了团队成员的尊敬和信赖。他在多次重大决策中展示出敏锐的商业嗅觉和深思熟虑,使得通用电气在他的领导下实现了多次成功的战略转型。团队成员不仅因为他的职权而遵循他的指示,更因为相信他具备带领公司走向成功的能力。

在实际管理中,职权影响力和非职权影响力并不是对立的,而是相互补充的。一个成功的管理者,必须学会在这两者之间找到平衡,以便在不同的情况下灵活应对。

例如,在前首席执行官路易斯·郭士纳的领导下,IBM公司走出了困境。面对公司严重的财务危机和市场挑战,郭士纳首先通过强有力的职权影响力,实施了一系列结构调整和裁员计划,迅速稳定了公司的财务状况。然而,他并没有仅仅依赖职权,而是通过与团队成员的频繁沟通,传递出一种坚定的信念,即IBM依然能够通过创新和变革重新崛起。这种职权影响力与非职权影响力的结合,使郭士纳不仅成功地实施了紧急措施,还重塑了团队成员对公司的信心,最终使IBM重回科技行业的领导地位。

成功的管理者,懂得在这两者之间游刃有余。职权影响力可以帮助他们在需要迅速决策和执行时,果断出击;而非职权影响力则让他们在日常管理中,悄然激发团队的内在动力和创造力。就像指挥家,既要掌

第 1 章　看透本质：管理影响力是什么

控全局的节奏，也要通过细腻的指引，激发每个乐器的独特声音。

总之，职权影响力和非职权影响力是管理者手中的两件关键工具。前者像是一把锋利的剑，依靠职位赋予的正式权力，迅速通过命令和奖惩来实现管理目标。这种影响力能够在关键时刻，像手术刀般精准地切入问题核心，迅速稳定组织的秩序和效率。后者更像是一根坚韧的丝线，通过管理者个人的特质、专业能力以及与团队建立的深厚关系，悄然地影响着他人的行为和态度。这种柔性的力量，不是靠职位的权威，而是靠管理者的个人魅力、智慧和信任的积累，逐渐渗透到团队的每一个角落。

管理影响力是可以复制的

管理影响力并非一种与生俱来的天赋，而更像是一件未精雕细琢的艺术品，可以通过学习、实践和传承不断完善与复制。成功的管理者不单凭借自己的个性魅力与领导才干来影响团队，他们还能将这种影响力拓展至更广泛的领域，直至在整个组织内形成深远的效应。这种影响力的复制与传播，不仅能提高个人的领导效能，更能为组织的持续成功构筑坚实的根基。

管理影响力

或许管理者也曾在职业生涯的起始阶段,遇到过一位令其心生敬仰的前辈。他的言行举止、决策风格以及与团队沟通的方式,深深触动了管理者,让管理者不由自主地想要效仿,甚至将其视作自己努力的标杆。正是通过这种学习与模仿,新任管理者才能逐步构建起自己的影响力,犹如一棵小树在阳光和雨露的润泽下,缓缓成长为参天大树。

优秀的管理者通常乐于分享他们的经验和智慧,恰似传承一门精湛的技艺,将自己的心得体悟毫无保留地传递给新一代的管理者。正是这种分享与传承,培育了一代又一代的管理者,使他们不仅掌握管理的技巧,更拥有深厚的人文关怀和责任感。

例如,通用电气的前首席执行官杰克·韦尔奇就以培养卓越管理者闻名遐迩。他在任职期间,不仅引领公司取得了巨大的商业成功,还通过"管理力学院"等项目,系统地培育和复制了大量具有影响力的管理者。韦尔奇坚信,优秀的管理者不仅要自身成功,还要具备培养出更多成功者的能力。这种通过系统化培训和经验传授所实现的影响力复制,使得通用电气在全球范围内培育了众多卓越的管理者,进一步稳固了公司的市场地位。

当管理影响力通过学习和实践逐步确立之后,下一步便是将其融入组织的文化中。通过这种方式,管理者的影响力能够在更大范围内得到传承和延续,不仅使个人的管理风格成为团队的一部分,还使整个组织的文化得以稳固和传播。

丰田通过将其管理理念和生产方式深刻植入企业文化,成功地将管理影响力复制并推广至全球。丰田的管理者不仅在日本国内传递这种影响力,还通过培训和指导,将精益生产方式拓展到海外工厂。正是通过这种文化传承和影响力复制,丰田的精益管理理念得以在全球范围内推

第1章 看透本质：管理影响力是什么

广，并成为制造业的典范。

作为管理者，不仅承担着保持自身影响力的职责，还要有意识地将这种影响力传递给他人。这种传递不仅仅是传授具体的管理技能，更关键的是培养团队成员的领导能力，使他们能够在未来独立地影响和引领团队。成功的管理者通过影响力的复制，确保组织能够在更广泛的层面上保持一致性和高效性。

管理影响力并非神秘莫测的个人魅力，它是一种可以学习、实践和传承的能力。通过系统化的学习和模仿，在工作中的不断实践，以及将影响力融入组织文化，管理者可以将自己的影响力复制给更多的人，从而在整个组织中形成强大的管理力网络。成功的管理者不仅是自身管理能力卓越的楷模，更是影响力的传递者和培育者。他们通过复制和传承管理影响力，确保组织在不断变化的环境中，始终拥有强大的内生动力和竞争优势。

其具体方法如下：

1. 建立导师制

在组织内部推行导师制，让经验丰富的管理者直接指导新晋管理者，使他们能迅速适应并复制成功的管理影响力。

2. 制定管理培训计划

定期举办管理能力培训，涵盖实用的管理技巧和案例分析，帮助团队成员系统地提升管理能力。

3. 鼓励跨部门学习

促进跨部门的交流与学习，让管理者在不同环境下运用并优化其影响力，增强适应性和领导效能。

提升管理影响力的十重修炼

管理是一门复杂的艺术,需要持续的学习和修炼。一个优秀的管理者,不仅要具备强大的领导力,还需要拥有清晰的思维和有效的方法来提升影响力。下面是提升管理影响力的十个重要修炼点,每一点都代表着管理者在实践中需要深入掌握的关键技能和思维方式。

1. 提升领导思维

管理者的思维方式决定了整个团队的高度。一位具有远见卓识的管理者,能够在复杂的局势中找到方向,带领团队走向成功。管理者不仅仅是决策者,更是团队的导航者。团队成员的能力和潜力往往取决于管理者的愿景和指引。如果管理者的思维狭隘,团队的上限自然也会被限制。因此,管理者需要培养全局观,懂得审时度势,避免在日常琐碎的事务中迷失,始终保持对未来的战略思考。

提升领导思维,需要管理者不断学习和自我反思,不断扩展视野和知识面。阅读、交流、实践是提升领导思维的重要途径。通过了解行业趋势,吸收前沿管理理念,管理者能够更好地引领团队向前发展。

第1章 看透本质：管理影响力是什么

2. 明确个人定位

作为管理者，重要的是明确自己的角色定位，而不是事必躬亲。很多初级管理者常常犯的错误是，认为每件事都需要自己亲自处理，结果让自己陷入琐事的泥潭，无法有效地关注战略层面的事务。

优秀的管理者应该学会分配和授权，信任团队成员的能力。通过赋予团队成员更多的自主权，不仅能够让他们更好地发挥作用，还能培养他们的责任感和独立思考能力。管理者的核心任务是制定方向，提供支持，而非执行每一细节。

3. 设定目标并做好规划

目标是团队前进的方向标，而规划则是实现目标的路线图。管理者需要为团队设定清晰的短期和长期目标，让团队成员明白努力的方向。同时，合理的规划不仅能够确保团队高效运作，还能有效避免资源浪费。

做好规划的关键在于对现状的深刻理解和对未来的不懈展望。管理者不仅要关注眼前的目标，还要从更长远的角度来思考未来可能面临的挑战和机遇，提前布局。

4. 高效沟通

沟通是管理中最为关键的技能之一，良好的沟通能够使团队更加高效地协作。很多时候，团队中的问题并不是因为执行不力，而是因为沟通不畅所导致的。管理者需要确保信息的透明度，减少沟通中的误解和阻碍。

管理者要学会倾听团队成员的意见和反馈，了解他们的需求和困惑，并及时给予支持。同时，清晰明确地传达指令和目标也是高效沟通的重要部分。通过构建良好的沟通机制，管理者能够避免团队的内耗，提高工作效率。

5. 打造高效能团队

一个成功的团队离不开每个成员的贡献。管理者的责任是发现并发挥每个成员的特长，将他们安排在最适合的岗位上。每个人都有不同的能力和潜力，如何发现并激发这些潜力，是管理者需要重点考虑的问题。

打造高效能团队，不仅需要合理的分工，还需要用好激励制度。通过为团队成员提供合适的工作挑战和成长空间，管理者可以让每个成员的能力得到充分发挥。

6. 促进团队成员成长

绩效考核是团队成长的重要工具。通过合理的考核机制，管理者可以帮助团队成员了解自身的优势和不足，从而促进个人和团队业务水平的整体提升。一个透明、公正的考核机制，不仅能够提升成员的工作动力，还能使他们在工作中不断反思和成长。

有效的绩效考核需要与团队的目标紧密结合，同时要兼顾公平和透明。管理者要定期与成员进行绩效反馈会议，帮助他们及时调整工作方法，并提供必要的支持和资源。

7. 合理授权

授权不仅是管理者释放自己精力的手段，更是培养团队成员的重要方式。合理授权不仅能够让团队成员有更多的自主权，还能帮助他们锻炼独立决策和解决问题的能力。

授权的核心在于信任。管理者需要信任团队成员的能力，同时要提供必要的支持和指导。当团队成员感受到被信任时，他们会更加积极地投入工作，并在工作中不断成长和进步。

8. 制定完善的制度

制度的制定和执行是团队管理的基础。一个完善的制度体系能够帮助团队在明确的规则下高效运作,避免因个人喜好或情感影响而出现管理上的偏差。管理者需要建立清晰、透明的制度,并确保每个成员都能理解和遵守。

用制度代替人治,是团队能够长久稳定发展的关键。通过建立合理的奖惩机制,管理者可以在不依赖个人权威的情况下,有效管理团队,确保公平公正。

9. 管理张弛有度

管理者需要在工作中掌握"张弛有度"的艺术。过于严格的管理可能导致团队成员的压抑和不满,而过于宽松的管理则会削弱团队的执行力。管理者需要在不同的情况下,灵活调整管理方式,既要保证团队的工作效率,又要关心团队成员的身心健康。

张弛有度的管理,体现在对工作的合理安排和对团队氛围的把控。管理者要学会在关键时刻保持严格,在日常工作中给予适当的自由度,让团队成员在压力和舒适之间找到平衡。

10. 管理者的人格魅力

人格魅力是管理者不可或缺的软实力。优秀的管理者往往拥有强大的人格魅力。他们以身作则,赢得团队成员的尊重和信任。人格魅力不仅体现在管理者的专业能力上,更体现在他们对团队的关怀和理解上。

管理者要学会与团队成员建立真诚的关系,关注他们的需求和发展,做一个值得依靠的管理者。通过不断提升自己的修养和品格,管理者能够在团队中树立起强大的影响力。

第 2 章
领导思维决定团队上限

成为有战略思维的管理者

战略思维乃是一种超越眼前利益、着眼全局与长远的思维方式。具备战略思维的管理者必定拥有洞察未来、整合资源以及灵活应对变化的能力，能够带领团队在复杂的市场中保持优势，引领企业迈向更高的巅峰。

战略思维的核心在于能够从宏观大局着眼，着重审视企业的发展方向，并以前瞻性的视角预见未来的机遇与挑战。这种思维方式不仅聚焦于眼前的业务，还涵盖对市场趋势、竞争形势以及内外部资源的全面整合。

1997年，当史蒂夫·乔布斯重返苹果公司时，公司正处于深重的危机中——产品线冗杂、品牌定位模糊、市场份额不断下滑。面对这样的困境，乔布斯并没有被眼前的危机所压垮。他以敏锐的战略眼光，迅速采取了果断的行动：大幅削减产品线，聚焦几款核心产品的研发——iMac、iPod，并重新定义了苹果公司的品牌形象。这一战略不仅使苹果公司迅速摆脱了困境，还奠定了未来十多年间苹果公司引领全球科技潮流的基础。

管理影响力

乔布斯的成功源于他对市场趋势的精准把握和对未来的清晰洞察。他能够在混乱中找到关键路径，将有限的资源集中到最具潜力的领域，这正是战略思维的精髓所在。

拥有战略思维，是管理者在组织中取得长期发展的关键能力。战略思维涉及全局视角、长期规划，以及对变化环境的敏锐洞察力。

以下是管理者培养和提升战略思维的一些方法：

1. 培养全局观

管理者的眼界决定其战略深度。要想具备独特的战略眼光和深远的策略思维，管理者需要具备宏观视角，了解行业趋势、市场动态和组织的整体目标，关注公司的长远利益，而不仅仅是短期的业绩表现。此外，还需要走出行业的困局，广泛涉猎不同领域的知识。经济、科技、政治、社会变迁，这些看似与行业内业务不相关的领域，往往能够提供独到而深刻的见解，帮助管理者在更宏大的背景下作出决策。

2. 进行长期规划与前瞻性思考

（1）设定愿景

有清晰的愿景和方向是战略思维的基础。管理者应能够制定长期目标，并且把这些目标分解成可执行的步骤。

（2）评估未来趋势

管理者应具备预测未来趋势的能力，通过分析当前的市场和技术发展，预见可能的变化，并为组织做好准备。

3. 提高决策的逻辑性与系统性

（1）理性分析

在作出重大决策前，管理者需要进行数据分析、风险评估和情景规划，确保决策是基于可靠的信息和理性的分析而作出的。

（2）权衡利弊

战略思维要求管理者在不同的利益之间作出平衡，考虑长期和短期的影响，以及内部和外部的因素。

4. 保持敏锐的洞察力

（1）识别机会和威胁

管理者应该能够在混沌中看到机会，并迅速作出反应，同时还能预见潜在的威胁，并采取相应的防范措施。

（2）保持灵活性

在制定、执行战略计划时，管理者需要保持一定的灵活性，以便根据环境的变化及时调整策略。

5. 鼓励创新与变革

（1）接受变化

创新是推动组织前进的动力，一个具备战略思维的管理者应该鼓励团队不断寻找新的方法来解决问题。

（2）推动变革

在适应市场需求和技术发展的同时，管理者应该主动推进组织内部的变革，以保持组织的竞争力。

6. 提倡协作与沟通

（1）建立有效的沟通机制

战略思维不仅仅是个人所具备的一种能力，它更需要借助团队合作来实现。所以，管理者应当确保战略方向以及目标能够在团队内部清晰地被传达和被理解，如此才能够更好地达成目标。

（2）利用集体智慧

战略思维可以通过广泛征求意见和吸收团队的反馈来加强。多元化的意见能够带来多样的观点和思维方式，管理者应鼓励多元化的观点，以形成更全面的战略规划。

7. 持续学习与反思

（1）不断学习

管理者应该持续关注行业动向，学习最新知识，更新自己的战略思维、工具和方法。

（2）定期反思

通过定期回顾和反思过去的战略决策，管理者能够总结经验教训，从而作出更好的战略选择，把握未来发展的主动权。

树立威信，形成团队凝聚力

管理者应该放弃权力的过度使用，把精力转移到树立威信上。有了威信，团队成员会更加信服并支持管理者的决策，团队的凝聚力也会越来越强，企业的计划才能得到迅速实施。而企业计划的有效实施，会得到大家一致称赞，这也会进一步增强管理者的威信。

管理者要如何才能树立自己的威信呢？

第2章 领导思维决定团队上限

1. 通过身先士卒，树立威信

管理者要树立威信，需要通过自身的行动为团队树立榜样。这种榜样的作用不仅体现在日常工作中，更体现在关键时刻的决策与行动上。当团队成员目睹管理者身先士卒地应对各类挑战之时，他们自然而然地就会对管理者萌生尊敬与信任之情。

霍华德·舒尔茨是星巴克的灵魂人物。1987年，他接手了星巴克，将其从一个地区性的咖啡连锁店，发展成为全球咖啡行业的领导者。2000年，舒尔茨宣告辞去公司首席执行官一职，转而担任公司的执行董事长，重点关注品牌的全球性战略扩张。在随后的几年里，星巴克由于扩张速度过快，加上对品牌核心价值的忽视，陷入了重重困境——股价不断下跌，关闭门店成了唯一的选择，团队成员的士气也极为低落。

2008年，星巴克的困境达到了顶点，舒尔茨被董事会重新任命为首席执行官。他并没有天天坐在办公室发号施令，而是亲自参与公司的重塑过程中。他关闭了7000家门店，对团队成员进行全面的再培训提升，重新强调客户体验和品牌核心价值。此外，他还作出艰难的决定，如暂停股息发放，减少管理层薪酬，以保留更多的资金用于业务重组。

霍华德·舒尔茨的这些举措，让团队成员看到了他作为管理者的决心和勇气。这种身先士卒的精神极大地鼓舞了士气，提升了他在团队成员中的威信。最终，星巴克走出了困境。

2. 通过公平与透明的管理，树立威信

在决策与管理的过程中，管理者必须确保公平和透明。团队成员会密切关注管理者是否对每个人都一视同仁，在关键问题上是否保持高度透明。公平和透明的管理，能够让团队成员深切感受到被尊重和信任，从而增强他们对管理者的信心。

萨提亚·纳德拉在 2014 年接任微软首席执行官时，面对的是一个逐渐失去创新动力、内部氛围封闭的企业。在他的领导下，微软经历了从传统软件巨头向云计算和人工智能领域的成功转型。而这一转型的关键因素之一，就是纳德拉所倡导的"成长型心态"和透明的管理风格。

纳德拉上任后，首先改变了微软的内部文化，强调"同理心"和"学习"的重要性。他提出了"成长型心态"，鼓励团队成员不断学习以适应变化，而不是墨守成规。同时，纳德拉致力于打破微软内部的"孤岛文化"，鼓励各部门之间的协作。他还定期与团队成员沟通公司的战略方向，公开讨论公司面临的挑战和机遇。这种透明的管理风格，使团队成员深切地感受到自己是企业不可或缺的一分子。

通过公平对待每一位团队成员，透明地沟通公司战略与决策，纳德拉成功树立起了威信，并带领微软重回科技行业的巅峰之位。这种内部文化的转变，极大地增强了团队的凝聚力，推动了微软在云计算以及其他新兴技术领域的迅速崛起。

3. 通过倾听与沟通，树立威信

管理者必须具备良好的沟通能力，尤其是倾听的能力。倾听不仅仅是听取团队成员的意见，更是要理解他们的想法、需求和情感。当管理者真正倾听团队成员的声音，并根据他们的反馈作出调整时，团队成员会感受到自己被重视，进而增强对管理者的信任。

亨利·福特是汽车工业的先驱，他不仅以其创新的流水线生产方式闻名于世，还以其对团队成员的重视和倾听著称。在福特汽车公司发展的早期，福特意识到团队成员的福利和工作条件对公司的成功至关重要。他通过提高工人工资和改善工作环境来吸引和留住优秀人才。

福特的一个著名举措是将工人的日工资从 2.34 美元提高到 5 美元，

这是当时行业平均工资的两倍多。这一决定不仅极大地提高了团队成员的工作积极性，还降低了人员流动率，使福特公司能够稳定地提高生产效率。

福特的成功在很大程度上归功于他对团队成员需求的倾听与回应。他理解团队成员的需求，并通过实实在在的行动来满足这些需求。这种领导风格帮助他在团队成员中树立了巨大的威信，同时也增强了公司内部的凝聚力，使福特汽车在全球汽车行业中处于领先地位。

4. 通过激励与认可，树立威信

一位优秀的管理者明白怎样通过激励与认可来提升团队的士气。激励并非仅仅局限于物质奖励，更为关键的是精神层面的鼓励与认可。当团队成员的努力和贡献获得管理者的肯定时，他们会体会到工作的意义与价值，进而更加全身心地投入工作且更加忠诚。

华特·迪士尼是娱乐行业的传奇人物，他因其创新精神以及对团队成员的激励与认可而声名远扬。他不仅是一位极具创造性的天才，还极为擅长激励自己的团队，助力他们发挥出最大的潜能。

在迪士尼公司的初期，华特·迪士尼通过鼓励团队成员提出创意，营造了一种充满创新活力的工作氛围。他时常对团队成员的创意予以高度赞扬，并为那些富有创意的想法提供资源支持。这种激励机制不仅激发了团队成员的创造力，也使他们感受到自己工作的价值所在。

此外，华特·迪士尼还通过多种形式的认可来表彰团队成员的贡献。他设立了迪士尼传奇奖，用以表彰那些在公司发展过程中作出突出贡献的团队成员。

华特·迪士尼对团队成员的认可，不但提升了他们的自豪感，还增强了团队的凝聚力，使迪士尼公司成为全球最具创造力与凝聚力的企业之一。

5. 通过崇高的愿景与目标，树立威信

管理者需要为团队制定崇高的愿景与目标，并引领团队朝着该方向前行。一个有威望的管理者能够清晰地传达公司的愿景，且使每位团队成员理解并认同。在明确的目标引领下，团队成员会更具方向感和动力，进而提升团队的凝聚力。

"让天下没有难做的生意"是阿里巴巴集团的愿景，这一愿景不仅为阿里巴巴的业务发展指明了方向，也在马云威望的树立以及团队凝聚力的形成中发挥了重要作用。

这一愿景将阿里巴巴的商业使命与更广泛的社会责任相联结。它并非仅仅是带领公司盈利，而是成为推动社会进步的一部分。这赋予了团队成员更为崇高的工作意义，使他们充满使命感与自豪感。无论是技术开发人员、市场营销团队，还是客服人员，每个人都能看到自己工作的价值，以及如何通过自身的努力为实现公司整体目标作出贡献。这种共同的使命感促使团队成员更加团结，形成了强大的凝聚力。

在阿里巴巴的发展历程中，团队遭遇过诸多挑战，包括来自竞争对手的压力、市场环境的变化以及技术上的难题。然而，有了这一明确的愿景，团队成员们坚信自己是在为一个更大的目标而拼搏，这种信念增强了团队的抗压能力和应变能力。

第 2 章　领导思维决定团队上限

成为一名具有号召力的管理者

　　一个拥有号召力的管理者，并非仅仅凭借职权来引导团队的行动，还要通过独特的个人魅力和深厚的信任感，在团队中形成一个巨大的磁场圈，使成员们心甘情愿地追随。这种号召力不仅是管理者个性和魅力的自然体现，也是其在日常管理中不断积累的结果。通过在各种细节中展现对团队的关怀和责任，管理者逐渐树立起令人信赖的形象。在处理每一个微小事务时，管理者的决策力、判断力和应变能力都在潜移默化中影响着团队成员，使他们更加愿意追随。因此，这种号召力不仅仅依赖于天生的个人特质，更在于长期的实践中，通过一次次有效沟通、合理分配任务和及时反馈中形成。

　　管理者的号召力首先体现在如何传递愿景上。愿景不仅是勾画未来的蓝图，更是一泓激励人心、催人奋进的清泉。一个清晰而充满激情的愿景，就如同一座灯塔，为团队指引着前行的方向，使每一位成员都能感受到，他们正在为一个更高远、更伟大的目标而努力。这种愿景不仅点燃了团队成员的热情，也让他们在追随管理者的过程中，找到了自身

管理影响力

价值与使命。

例如，马丁·路德·金的"我有一个梦想"演讲，尽管发生在民权运动中，但它生动地展示了愿景的力量。通过这次演讲，他成功地将数百万人的梦想凝聚成一个共同的目标，这种号召力不仅激发了人们的共鸣，也推动了社会变革。对于企业管理者而言，如果能够像马丁·路德·金那样传递一个清晰且激励人心的愿景，便能增强团队的凝聚力和执行力。

然而，仅仅依靠愿景是不够的。要成为有号召力的管理者，情感共鸣也是必不可少的。通过与团队成员建立深厚的情感联系，管理者可以进一步增强团队成员的归属感和忠诚度。因此，管理者不仅要关心团队成员的工作表现，还要了解他们的个人需求和情感状态。

阿里巴巴的马云便是通过情感共鸣建立号召力的典范。在公司的初创时期，马云经常与团队成员深入交流，分享他的创业梦想和公司的未来发展蓝图。他的这种做法，不仅激励了团队成员，也使他们在公司遇到困难时，依然保持高昂的斗志。马云的故事表明，管理者只有通过情感共鸣，才能真正触动团队成员的内心，从而最大程度地激发他们的潜力。

当然，号召力的建立不仅仅依靠情感共鸣，还需要管理者在专业领域展现卓越的能力。当团队成员确信管理者的决策是基于深思熟虑和专业判断作出时，他们更愿意跟随并支持管理者的决策。

以苹果公司的现任首席执行官蒂姆·库克为例，他在接替乔布斯时，面临着巨大的压力。乔布斯的离世，使许多人对库克能否延续苹果公司的辉煌产生了质疑。然而，库克却通过稳健的领导风格和对苹果公司业务的深入了解，逐步赢得了团队和市场的信任。他不但延续了乔布斯的愿景，而且还在苹果公司的供应链管理和市场拓展上展现了卓越的领导能力。凭借展现出的专业能力与稳健的决策力，库克树立起强大的号召力，让苹果公司在他的引领下持续保持行业领先地位。

在建立信任的基础上，管理者还需要通过鼓励创新和推动团队合作，进一步增强号召力。创新是现代企业生存和发展的关键，而团队合作则是实现创新的重要保障。只有创造一个开放、信任的环境，管理者才能激发团队的创造力和合作精神。

成为一名具有号召力的管理者，不能仅仅依靠职位所赋予的权力，更需通过传递清晰的愿景、构建深厚的情感共鸣、展现卓越的专业能力，以及营造创新与合作的企业文化，来获得团队成员的信任与支持。管理者的号召力是团队甘愿为之拼搏的最强动力，亦是组织在竞争中获取优势的关键要素。通过持续提升这些素养，管理者能够在团队中树立起强大的感召力，引领组织迈向更高层次的成功。

尊重公司内部不同的声音

在团队协作的交响曲中，不同的声音恰似乐章里的各类音符，或激昂高亢，或低沉婉转，却共同组成和谐的旋律。一个高效的团队，不仅

管理影响力

需要整齐一致的节奏，更要通过包容多样的意见和观点，找到最动人的和声。尊重团队内部的不同声音，不仅能够激发团队成员的创造力，还能使决策更加丰富全面、深入透彻，为团队应对未来的挑战奠定坚实根基。

在商业世界里，单一视角仿若大海中的一叶孤舟，难以抵御波涛汹涌的市场风浪。多样化的声音恰似双桨齐划，助力团队在汹涌的海浪中稳健前行。聆听这些不同的声音，不仅能为团队带来新颖的视角，还能增强团队成员的参与感和归属感，使团队更具凝聚力。

20世纪90年代初，IBM陷入严重危机——技术转型失利，市场需求突变，连续多年亏损。1993年，路易斯·郭士纳被任命为首席执行官，肩负重振公司的重任。

郭士纳刚接手时，IBM内部官僚作风严重，信息堵塞，创新停滞。他迅速推行"开放沟通"和"坦诚对话"文化，鼓励团队成员与管理层直接交流，打破层级壁垒，尤其重视一线反馈。

同时，郭士纳大幅精简管理层，推行扁平化管理，提升决策速度，激发了公司的活力与创造力。通过市场反馈，他决定将IBM从硬件制造商转型为以服务和软件为核心的企业。1994年推出的"全球服务业务"战略，使IBM成功摆脱亏损，重新步入盈利轨道。

并非一定要等到企业濒临生死存亡之际，才想到尊重和倾听公司内部的不同声音。管理者平时多尊重和倾听公司内部的不同声音，不仅能够促进创新和提升决策质量，还能增强团队成员的归属感和团队的凝聚力。如此，企业面临生死存亡的危机将会大幅减少。

要听取不同的声音，企业管理者在日常工作中需要在以下几点作出努力：

第 2 章 领导思维决定团队上限

1. 建立开放沟通的文化

（1）鼓励自由表达

管理者应积极营造一种开放、包容的企业文化氛围，鼓励团队成员自由地表达意见和建议。可通过定期举行全体会议、部门会议以及头脑风暴会议等方式，让团队成员有机会畅所欲言。

（2）减少层级障碍

鼓励团队成员与管理层直接沟通，减少层级之间的沟通阻碍。例如，设置"开放日"或"管理者办公时间"，以便团队成员能够直接向管理者反馈意见。

2. 多样化的反馈渠道

（1）设置匿名意见箱

部分团队成员可能不愿意公开表达自己的意见，管理者可设置匿名意见箱或在线反馈平台，让团队成员在不公开身份的情况下提出建议或意见。

（2）定期开展团队成员调查

定期开展团队成员调查或满意度调查，了解团队成员对公司政策、管理方式以及工作环境的看法。这些调查应涵盖广泛的问题，以确保能收集到多样化的声音。

3. 积极回应与跟进

（1）认真对待每一条意见

管理者应认真倾听每一条来自团队成员的反馈，并作出适当回应。即便不能立即采取行动，也要向团队成员解释原因，表达对他们意见的重视。

（2）跟进反馈

管理者应对团队成员提出的意见和建议进行跟踪处理，告知团队成员处理进展和最终决定。这种反馈机制不仅体现了管理者对团队成员的尊重，还能增强团队成员对公司的信心。

4. 鼓励不同观点的碰撞

（1）举办跨部门交流会

定期组织跨部门的交流活动，让来自不同背景和职能的团队成员分享观点。这有助于打破部门间的壁垒，促进更广泛的意见交流。

（2）设立创新小组

鼓励团队成员组成创新小组，定期讨论并提出改善公司业务或流程的新想法。管理者可为这些小组提供支持和资源，并认真考虑他们的建议。

（3）创建心理安全的环境

确保团队成员在表达不同意见时无须担心遭到报复或产生负面影响。管理者应明确传达公司支持多样化观点的立场，让团队成员感到他们的声音会被公平对待。

（4）设置清晰边界

为避免讨论无休无止地进行，管理者需设定明确的边界，引导团队在讨论中保持专注。设定时间和议题，就像为团队指引方向的罗盘一样，使讨论更具成效。

5. 培养倾听技巧

（1）主动倾听

管理者与团队成员交流时，应展现出主动倾听的态度，避免打断团队成员发言，保持眼神交流，并通过点头或简短回应表示关注。

（2）询问与澄清

若管理者对某个观点或意见不理解，可通过询问和澄清的方式，确保准确理解团队成员的想法。这样不仅能避免误解，还能让团队成员感受到自己的意见被认真对待。

6. 重视少数派的意见

（1）关注少数派的声音

在决策过程中，管理者应特别留意少数派的意见。少数派的意见往往能提供独特视角，有助于避免群体思维带来的盲目决策。

（2）给予少数派意见发表的平台

管理者可为少数派的意见提供正式发表的平台，如在决策前安排时间专门听取反对意见或不同观点。

7. 平衡多样性与效率

在鼓励多样化意见的同时，管理者也需找到多样性与决策效率之间的平衡。通过明确讨论的目标和时间限制，确保团队能快速达成共识，避免冗长的讨论影响效率。

8. 表扬并公开认可

当团队成员提出有价值的建议或观点时，管理者应及时给予表扬并在公开场合予以认可。这不仅能激励团队成员，还能鼓励其他人更积极地表达意见。

9. 将反馈转化为行动

尊重不同声音不仅要听，更要落实——将有价值的意见转化为实际行动。只听不做是不行的，管理者应当跟进并反馈未被采纳的意见，解释原因，并鼓励持续参与，以增强团队成员的信任和归属感。

高明的管理者不会盲目施压

在企业的日常管理中，施加压力常被视作提高效率与达成目标的有效方式。然而，过度施压可能会适得其反，不仅会使团队成员滋生抵触情绪，还会降低其工作效率。聪慧的管理者知晓如何在施压与激励之间寻得平衡，既能推动团队前行，又能保持团队的士气以及团队成员的幸福感。

想象一下，如同跑马拉松时，如果教练只是一味地叫嚷"快点，加速"，而不顾选手的体力状况，最终可能致使选手过度疲惫。同样，在职场中，管理者若只注重效率而忽略团队成员的状态，反而会让团队成员感到压抑与不安，甚至丧失动力和创造力。

过度施压还可能致使心理压力增大，进而引发焦虑和不满情绪。这种负面情绪不仅会影响个人表现，还可能蔓延至整个团队，致使士气低落。例如，一些公司为了在季度末冲刺业绩，采用极为强硬的KPI（关键绩效指标）考核制度，结果团队成员深感压力巨大，团队凝聚力反倒下降。一位离职的团队成员曾表示："我并非不能胜任工作，而是被压得难以喘息。"

高明的管理者明白，压力并非千篇一律的工具。它需要依据团队的

第2章 领导思维决定团队上限

实际状况和团队成员的特点进行灵活调适。在任务紧迫时,适度的压力能够激发紧迫感和战斗力,但过度施压则会适得其反。为了使团队成员在压力下依旧保持动力和效率,管理者可以通过设定清晰明确的目标、提供所需的资源支持,以及保持开放的沟通,让团队成员在紧张的环境中依然能够井然有序地工作。

宜家的管理策略注重团队成员的自主性和责任感,通过持续的培训和职业发展机会提升团队成员的技能,减轻压力。公司倡导开放沟通,鼓励创新思维,同时重视工作与生活的平衡,提供灵活的工作安排。宜家还通过健康和福利计划关注团队成员的福祉,同时通过团队合作和社会责任活动增强团队成员的归属感和积极性。这些策略共同营造了一个支持创新和个人成长的工作环境。

相较于一味施压,激励往往是一种更为有效且可持续的管理方式。激励不仅能提升团队成员的积极性,还能助力他们找寻到工作的意义与成就感。聪慧的管理者不会简单地要求团队成员"更快、更好",而是通过各种激励举措,促使团队成员主动追求卓越。

激励的形式多种多样,例如,物质奖励、公开表扬、职业发展机会,甚至是灵活的工作时间。像谷歌这样的公司,通过创新的时间管理政策,让团队成员能够在部分时间专注于自己感兴趣的项目。这不仅激发了团队成员的创造力,还催生了许多创新产品。正是这种依靠激励而非施压的管理策略,使谷歌在全球科技行业始终保持领先地位。

高明的管理者深知,成功的管理在于施压和激励的平衡。虽然施压可能带来短期成果,但真正的长期发展依赖于团队成员的内在动力和创造力。因此,管理者在设立激励与施压机制时,需充分考量团队的特点和团队成员的需求,寻找到适合组织的最佳平衡点。

这里有几个实用的建议，供管理者参考：

1. 实时数据反馈与自我调整

运用数据分析工具，为团队成员提供实时的工作反馈以及压力监测报告。团队成员可依据自身状态调整工作节奏，管理者也能依据数据洞察，适时介入或提供支持。这种方法能使团队成员更主动地管理自身的压力和绩效。

2. 反向指导与共创策略

传统的施压通常是自上而下的，而反向指导则允许团队成员向管理层反馈工作中的压力点，甚至参与决策过程。通过共创策略，团队成员可与管理者共同规划项目进度和目标，增强他们的控制感和责任感，同时也减少因施压产生的抵触情绪。

3. "情绪银行"与心理支持

引入"情绪银行"概念，允许团队成员在需要时"存取"情绪。例如，团队成员每个月可申请一定时间的情绪休息或心理辅导，且这些时间不计入请假。这种机制能有效减轻因持续施压带来的心理负担，帮助团队成员恢复状态。

留有余地是管理的顶级智慧

想象一下，管理者面前站着一位充满潜力的年轻团队成员，虽激情

第 2 章　领导思维决定团队上限

满满，但略显青涩。管理者会选择紧紧掌控每一项细节，确保他依循常规开展工作，还是会选择管理时"留有空间"，让他大胆尝试，在相对自由的氛围里施展自身才华呢？这样的时刻，不仅决定着团队当下的表现，还可能对这位团队成员的职业发展产生影响。

在管理中"留有余地"，可以为团队成员的成长和创新提供足够的空间。这并非意味着对其全然放任，而是管理者依据具体情况调整管理方式，给予团队成员适度的自由与弹性。它是一种信任，亦是一种激发团队成员创造力和责任感的策略。创新型企业往往更为注重这种方式，以此激励团队成员自主决策和探索。这种管理方式体现在工作安排、目标设定以及日常管理等方面。

管理者可通过合理分配任务，让团队成员自行决定如何完成工作。这样的自主性不仅增强了他们的参与感，还能使团队成员依据自身优势自由发挥，提升整体效率。

在制定工作目标时，管理者可以采用类似 OKR（目标与关键成果）的方法，既能让团队成员实现既定目标，又有机会尝试新的方法。这种灵活的方式，既确保了任务的完成，又鼓励了创新。

谷歌的管理方式就是"留有余地"的典型代表。通过 OKR 系统，团队成员不仅参与目标设定，还拥有实现目标的自主权。例如，Gmail（谷歌推出的一种免费电子邮件服务）的诞生便是团队成员利用 20% 的自由时间开发出来的成果。这种制度给予了团队成员探索创意的空间，为公司带来了巨大的创新收益。

采用"留有余地"的管理方式，不仅能够激发个人的创造力，还能增强团队的凝聚力。当团队成员感受到被信任和被支持时，他们更愿意贡献自己的才能，积极地与其他成员协作。苹果公司在 iPhone 的研发过

管理影响力

程中就给予了团队高度的自主权,让他们大胆尝试不同设计,最终推出了一款改变世界的产品。

当然,放权与控制之间的平衡很重要。过度放权可能引发混乱,而过度控制则会抑制创造力。管理者可通过设定清晰的目标和定期反馈,确保团队在拥有自由的同时,仍朝着正确的方向前行。

应对不确定性亦是"留有余地"所面临的挑战。Netflix(奈飞公司)在全球拓展时,给予地区团队高度自主权,同时保持了统一的价值观和运营标准,确保了灵活性与战略一致性。

研究表明,给予团队成员自主权和弹性的管理方式,能显著提升工作满意度和创造力。哈佛商学院的研究表明,感受到自主权的团队成员,工作满意度提升了20%,创新和解决问题的能力也有所增强。

在未来,随着环境的复杂性和不确定性加剧,"留有余地"的管理方式将会得到更为广泛的应用。在数字化转型和创新驱动的背景下,企业需要以更灵活的方式来应对快速变化的市场需求。

"留有余地"不仅是一种管理技巧,更是一种管理哲学。它要求管理者在目标导向的严谨性和多样性之间找到平衡。通过合理运用这种管理方式,管理者不仅能提高团队成员的满意度和工作效率,还能保持企业的创新力和活力。

第3章
明确个人定位，无须事必躬亲

管理就是通过别人达成结果

美国管理协会前任会长劳伦斯·阿普里曾如此定义"管理":"管理就是借助他人将事情办妥。"他指出,作为管理者,应专注于"少数关键的事情",将"多数琐碎的事情"授权出去。

在华为发展的初期,任正非亲自参与了从技术开发到市场营销的各个层面的工作。然而,随着公司迅速扩张,他意识到必须依靠团队的力量去实现更大的目标。于是,任正非逐步将任务分配给各业务部门负责人,提出"将军打仗,师傅修理"的理念,强调信任与放权。他建立了责任导向的管理机制,鼓励业务部门独立运作,赋予其自主权,同时通过明确的目标和绩效考核,确保他们承担相应责任。这种授权方式显著提升了华为的决策效率和创新能力。

要成为一名卓越的管理者,首先,需要调整心态,认识到管理不仅仅是完成任务,而是通过团队的力量达成更大的目标。成功的定义要从"我完成了这项任务",转变为"我们一起实现了目标"。任正非在华为的管理过程中深刻领悟了这一点,他开始将注意力从具体事务的执行

第3章　明确个人定位，无须事必躬亲

转向如何更好地引领团队达成整体目标上。

在这一过程中，任正非学会了如何从全局思考，而非纠结于每一个具体细节。他认识到，团队的成功远比个人的成就更为重要。他通过合理的任务分配、专业的指导和支持，带领团队成员各司其职，协同合作，以取得最优的工作成果。这种转变不仅让任正非成为一名更出色的管理者，也为华为的发展奠定了坚实的基础。

作为管理者，设定目标是工作中的关键环节。管理者需要为团队制定清晰且可量化的目标。通过设定这些明确的目标，管理者为团队提供了一个清晰的路线图，帮助所有成员明确努力的方向和标准。

任正非推行的绩效管理体系是结果导向管理方式的典型范例。他要求各业务单元设定明确的目标，并对结果负责。例如，研发部门必须在规定的时间内开发出具有市场竞争力的新产品，销售部门则要在限定的时间内达成销售目标。目标设定后，任正非强调定期评估进展，通过透明、公正的绩效评估体系，检查团队的工作状态，及时调整目标并纠正问题。这种体系不仅有助于了解团队工作的进展情况，还能迅速发现并解决问题。

任正非的管理力不仅依托于他在华为的职位权力，更重要的是他的个人魅力和对公司文化的深刻理解。他通过塑造华为的"狼性"文化，强调奋斗、拼搏和不断进取，深深地影响了每一位华为团队成员。这种文化和任正非的个人影响力相结合，成为华为在全球市场中取得成功的重要因素。

授权并非简单的任务分配，更是赋予团队成员责任和信任的过程。作为管理者，需要识别哪些任务适合授权，以及哪些团队成员具备完成这些任务的能力。适当的授权可以帮助团队成员提升自我管理的能力，

同时也让管理者有更多时间专注于更高层次的战略事务。

一些管理者之所以不能充分利用好授权,归纳起来有如下几个原因:

1. 未进入管理角色

对于许多刚晋升的管理者而言,从执行者到团队管理者的角色转变,是一段至关重要的历程。这不仅仅是职位上的变化,更要求在思维方式上进行深刻的调整,方能更好地胜任管理者的角色。

那些首次走上管理岗位的人,不少还会习惯性地亲自执行每一项任务。这种事必躬亲的行为,源于他们在此前工作中积累的丰富经验和对自身能力的信任。结果导致一个人身兼两职(经理与团队成员),疲惫不堪不说,还什么都没有做好。

作为一名管理者,其主要职责已不再是亲自完成所有工作,而是通过有效的团队协作来达成组织的目标。管理者只需要将以下几点做好即可:

部门的年度(季度、月度)目标的制定与分配;

团队成员薪酬调整方案、制度改革方案的制定;

需要开会讨论才能决定的事务的制定;

涉及公司机密或敏感问题的事务的制定;

团队成员的日常管理、考核、培训的制定;

团队成员的招聘与辞退(若公司有人力资源部,招聘由人力资源部初试,部门经理面试,再经上级复试;辞退可由部门经理提出,再通过人力资源部约谈并办理手续)。

至于其他事务性的工作,都可以授权团队成员去做。待驾轻就熟之后,管理者会发现,团队的自主管理能力和整体工作效率都会显著提升。

第3章 明确个人定位，无须事必躬亲

2. 担心团队成员做得不够好

很多基层管理者因业务精湛而晋升，往往能够高效率、高质量地完成各种工作。如果将具体的工作分派给其他团队成员去做，他们很可能做得没有那么快，质量也未必有自己做得那么精细，所以这些管理者就干脆将工作接手过来。

这样做，固然可以将工作做好。但是，基层管理者应该这样想：若不给团队成员历练的机会，他们又怎能提升自我呢？就像孩子学走路，自己总是舍不得放手，他又如何能学会走路、奔跑、跳跃呢？

3. 担心团队成员做得太好

有些管理者可能会有这样的担心：如果他完成得太好，会不会功高盖主，并威胁到自己的位置？这样的担心实属多余。

一个管理者就好比一支球队的教练，可以让每个队员在球场上生龙活虎、技术精湛，才是优秀的教练、卓越的管理者。团队成员做得好，最大的功劳是归管理者所有。

职场上很少见到团队成员凭借超强能力取代上司的例子，常见的是上司因为"领导有方"而升职，上司原来的位子由团队成员中的佼佼者接任的例子。实际上，管理者每培养一个优秀的团队成员，都是给自己增加一个晋升筹码。

管理者只做重要的事

管理者的核心任务是什么？简单来说，就是只做重要的事。

太多的管理者在日常工作中陷入了琐碎的事务，忽略了真正影响企业发展的关键环节。管理者的职责并非仅仅是管理时间，而是管理事务的优先级。

1. 区分"重要"与"紧急"

许多管理者每日都在忙于处理紧急事务，却忽视了真正重要的工作。紧急之事会令你感觉迫在眉睫，但它往往对长期发展并无太大影响；重要之事则是那些决定企业走向的核心事务，它们或许并不显得紧急，然而一旦被忽略，后果或许是无法挽回的。

我们每日所面对的事情，大致可分为四类：紧急且重要、重要但不紧急、紧急但不重要、不紧急也不重要。作为管理者，需要将自己有限的时间与精力聚焦于前两者。优先处理紧急且重要的事，而后将80%的精力投放于重要但不紧急的事上，如制定战略规划、提升团队能力以及进行创新等，这些皆是企业发展的基石。事实上，若重要但不紧急的事处理得当，紧急且重要的事会减少大半。如此一来，管理工作便不会被琐碎的事务牵着鼻子走了。

2. 聚焦长期目标，放弃无关事务

有些管理者每日忙于回复海量邮件、参加不必要的会议以及处理繁杂琐事，结果发觉一天过去，真正有价值的事情完成甚少。卓越的管理者要学会聚焦，将目光置于公司长期的目标之上。

苹果公司创始人史蒂夫·乔布斯曾多次强调"专注"的重要性。在他回归苹果公司后，首要之举便是砍掉了公司70%的产品线，将资源汇聚到少数几个核心产品上，最终引领了苹果公司的伟大复兴。乔布斯曾言："我为我们所拒绝的事情感到骄傲，如同我为我们所做的事情一样。"

管理者应当学会如乔布斯那般，勇于舍弃那些不符合企业长远战略的事务，将资源与精力投入到最具潜力的工作之中。

3. 授权他人，减少亲力亲为

管理者的工作并非事事亲力亲为，而是培育一个能够高效运转的团队。许多管理者所犯的最大错误之一，便是试图将所有事情都掌控在自己的手中，唯恐团队成员无法胜任。但如此行事，反倒浪费了宝贵的时间与精力。

卓越的管理者懂得授权，让合适的人负责合适的工作。微软创始人比尔·盖茨就极为擅长授权，他知晓自己无法事必躬亲，于是培育了一批杰出的高管团队来负责公司的各个部门。他曾表示："让聪明人做他们擅长的事，是最佳的领导方式。"

通过授权，管理者能够将更多的精力聚焦于企业的战略方向和重大决策上，而非陷入日常事务的泥潭之中。正如盖茨所言，优秀的管理者懂得下放权力，聚焦于他们真正应当做的事情上。

4. 拒绝"忙碌陷阱"

有些管理者喜欢保持忙碌状态，甚至将忙碌视作能力的象征。他们把日程安排得满满的，感觉自己在"拼命工作"，然而忙碌并不等同于高效。正如时间管理专家蒂莫西·费里斯所言："忙碌是一种懒惰，是一种为避免思考优先级而产生的懒惰。"

曾有一位知名的企业家在创业初期，每日工作十几个小时，但公司却毫无起色。后来，他决定每日花费两个小时思考公司未来的战略方向，逐步将自己从琐事中解脱出来，把公司的日常运营交给团队。三年后，他的公司迅速崛起，成为行业领头羊。

管理者不能被"忙碌"所欺骗，要学会停下脚步思考，确保自己所做的每件事都对公司整体发展具有实际益处。

5. 排除干扰

当下班时间来临，管理者是否会时常感慨："我还什么都没干，怎么一天就过去了？"

之所以无法集中精力做事，是因为工作过程中所受的干扰过多。例如，老板突然交办一件事情，或者团队成员有事求助。再加上缺乏些许自制力，在用电脑或手机时被各种新奇的新闻"吸引"，忍不住点一下、转一下、评论一下……结果，时间便浪费了。如何杜绝或将外部干扰降至最低呢？

对于那些因团队成员干扰而造成的精力分散，只需表明自己的态度，让他们知晓一天中的某个时段，例如，下午两点到四点你可以被打扰，而非每十分钟就被打扰。如此，在其他时间，你便可以真正地做一些工作了。毕竟，上级不会总是分配临时任务来打扰团队成员，同级也不会总是无端干扰你，他们都有自己的工作要做。

第3章 明确个人定位，无须事必躬亲

相比之下，战胜自己散漫自由的习惯更为困难。你不妨写下当天的任务清单，将任务清单置于桌子显眼处，不断提醒自己要集中注意力。任务清单上要写清楚各项工作的完成时间（如上午十一点半前），而非五六项工作统统是"今天"完成。万一由于意外状况出现拖延，也需在后续的工作中尽量补回时间。

让命令得到高效执行

许多管理者时常因为命令无法得到有效执行而倍感困扰。明明自己已将任务布置得详尽且明晰，但最终的执行效果却往往不尽如人意，甚至令人大失所望。此类情况不仅会对企业的整体运营造成影响，还可能直接损害管理者的形象，乃至引发上级对管理者管理能力的质疑，进而危及职业发展。

使命令得以高效执行并非仅仅是下达任务这般简单，需从任务分配、沟通清晰、监督落实以及权威树立这四个层面着手。作为管理者，不但要确保任务分配合理、指令明确清晰，还需借助有效的监督以及权威的树立来保障任务执行切实到位。唯有如此，方能确保企业高效运作，避免因执行不力而对整体运营产生负面影响。

管理影响力

1. 找到合适的执行者

任务的成败，很大程度上取决于管理者是否将任务委派给了恰当的人选。部分管理者习惯于依据个人喜好来确定任务的执行者，却忽视了团队成员的能力与岗位匹配程度。在企业初创阶段，这种做法或许尚可行得通，因为彼时团队成员通常身兼数职，犹如"救火队员"，哪里有需求便临时奔赴哪里。然而，随着企业的规范化发展以及分工的日益明确，若沿用这种随意安排任务的方式，不仅效率低下，还可能致使责任模糊不清、部门之间相互推诿的局面出现。

例如，在企业步入规范化后，各个岗位的职责与分工逐渐明晰。倘若管理者不按照规范分配任务，就可能导致多名团队成员处理同一事务，形成"九龙治水"的混乱态势，或者出现责任真空区域，使得任务无人负责。故而，管理者在分派任务时，务必依据团队成员的岗位职责与能力作出合理的决策。

2. 确保沟通清晰

清晰的沟通乃是任务执行成功的关键要素。有这样一个常见的事例：某位经理要求新团队成员"漂亮地装订"一份文件，结果团队成员误解了这一指示，在装订出来的文件上绑了一个粉红色的蝴蝶结。这个小故事揭示了一个重要问题：即便任务极为简单，倘若沟通不够清晰，也会引发不必要的误解。

为避免此类情况的发生，管理者在下达任务时，需详细阐明任务的具体内容以及期望达成的结果，尤其是任务的截止时间。明确的截止日期能够助力团队成员合理规划时间，提升工作效率。倘若团队成员对任务的时限不明晰，可能会导致工作进度安排不合理，进而影响最终成果。

第3章 明确个人定位，无须事必躬亲

在下达任务后，管理者可通过让团队成员复述任务内容的方式来确认他们是否完全理解："请你再复述一下刚才的指示，我想确保没有遗漏。"或者提出一些引导性问题，如："你准备如何处理这个任务？"这有助于及时察觉潜在的误解。

3. 定期监督和反馈

监督是确保任务有效执行的必要环节。切勿等到任务交付之时才察觉问题，而应在任务执行过程中定期检查进度。监督不仅是为了纠正偏差，还能提供支持，以确保任务顺利推进。

管理者需根据任务的进展阶段设定阶段性目标，并在这些节点检查团队成员的工作状况。若工作偏离了正确方向，要及时予以纠正；若工作中遭遇困难或资源短缺，则需提供必要的协助。有效的监督不仅是控制风险的重要举措，更是助力团队成员提升工作效率与质量的关键手段。

4. 建立权威，确保执行力

有效执行的根基在于管理者的权威。若管理者缺乏威信，团队成员在执行任务时往往会敷衍塞责。历史上，晚清名臣曾国藩以其严格的管理风格闻名，他所组建的湘军因执行力强、纪律严明而成为清朝末年最具战斗力的部队之一。曾国藩曾言："驭军驭吏，皆莫先于严。"这意味着，管理者必须确立严格的规则，并确保这些规则得到严格执行。

例如，湘军成立之初，曾国藩曾因湘军初期战败而严惩相关指挥官，即便这些指挥官在军中声望颇高，甚至与曾国藩私交甚好。曾国藩都毫不犹豫地执行了严厉的惩罚措施，以此树立军中纪律。这种"令行禁止"的作风使湘军逐渐摆脱了早期的颓势，成为一支纪律严明、执行力极强的军队。

在企业管理中，管理者同样需要通过严明的纪律和规则来保障团队

的执行力。若管理者过于宽纵，尤其是对执行不力的情况一再容忍，不仅会损害自己的权威，还会削弱整个团队的执行力。

不要掉入反授权的陷阱

作为管理者的你，是否曾遭遇过这样的情形呢？部门中有一位员工临时有事，需要请假数日，他原本应在本周完成的工作任务，因请假而无法完成。此时，他径直找到你说："领导，本周我要请假了，我的工作麻烦您重新安排给其他人完成。"于是，你顺理成章地将这个工作转交给了其他人。

这个看似很平常的一个工作交接场景，便是职场管理者时常面临的难题——"反授权的困扰"。

所谓反授权，是指团队成员将自己的任务反过来授权给上级。通常情况下，被反授权的多是工作中的难题。此时，管理者极易在以下三种心态的影响下陷入陷阱：

1. 英雄情结

对于团队成员的请教，误解为是对自己的崇拜。管理者内心渴望在团队成员面前展现自己的能力和权威，当团队成员带着问题来请教时，这种英雄主义心态作祟，使管理者轻易地接手了原本属于团队成员的任务。

2. 好人情结

不好意思拒绝团队成员的请求。管理者担心拒绝会影响与团队成员的关系，或者给团队成员留下不好的印象，于是在这种心理的驱使下，不自觉地承担了团队成员的工作。

3. 挑战情结

认为团队成员搞不定的事情，自己如果能搞定可以展示实力。管理者希望通过解决团队成员无法处理的难题来证明自己的能力，满足自己的成就感，从而陷入了反授权的陷阱。

行使授权的管理者，在不知不觉中被团队成员牵着鼻子走，去处理那些本应由团队成员完成的事务。可以说，上级在这种情况下沦为了下级的下级。久而久之，一种可怕的习惯将在管理者的团队中蔓延开来——遇到困难就找领导。一个困难管理者或许还能应对，但如果有十个这样的团队成员该如何是好？

管理者会忙得不可开交，最终却还是顾此失彼。按照《哈佛商业评论》上一篇经典旧文的说法，一个个团队成员将本应由他们负责处理的"猴子"（指问题）交给上司，上司身上则站满了尖叫的"猴子"——有一些是他自己原本就有的，更多的是团队成员寄养在他身上的。"猴子"太多，以至于他无法从容应对。

在许多大公司里，衡量一个管理者是否具有管理能力，并非看他个人能否解决难题，而是看他能否教会团队成员解决难题。只有让团队成员具备解决难题的能力，管理者才算具备卓越的管理能力。

对此，我们的老祖宗早就有过智慧的论断：授人以鱼，不如授人以

管理影响力

渔。团队里有人饥饿,管理者给他一条鱼,不如教会他如何捕鱼。

策划部的小美找到王经理,说:"王经理,有一个问题,我想向您请示一下该怎么办。"此时,小美肩上站着一只需要照顾的"猴子"。

王经理停住脚步,点头示意可以,并认真倾听。"猴子"的一只脚已悄悄搭在王经理的肩膀上。

听完后,王经理问:"你想过其他办法了吗?"

"是的,我想了很多办法,我觉得我再也没有别的办法了。"

"方法总比问题多,"王经理的手机响了。他看了看来电显示:"这样吧,我现在有急事要处理,明天上午十点半我们碰个头,到时你再拿出几个解决方案来一起讨论讨论。"

告别前,王经理补了一句:"你可以找同事探讨一下,或者上网找找办法。""猴子"悄悄收回了搭在王经理身上的那只脚,继续留在小美的肩膀上。

第二天,小美如约前来,一口气说出三套方案。"王经理您看哪一个方案更好?""猴子"又将前爪伸向了王经理。

王经理认定是第二套方案最好,但他并不明说。他不想让团队成员养成"决定依赖症",每当需要作决定时都来找自己。而且万一决定错误,团队成员还会推卸责任:"是王经理要我这么做的。"

对于这三个方案,王经理分别指出了优缺点,然后说:"我只能帮你分析利弊,具体采用哪一个方案由你自己决定。"

小美略一思索,采用了第二种方案。

就这样,小美带走了她的"猴子",直至问题得到解决。

王经理在"授渔"时或许花费了一些时间,但这是一劳永逸的解决办法——不仅提升了团队成员独立解决问题的能力,还会让团队成员逐渐养成独立解决问题的习惯。

因此，当团队成员试图向管理者求助时，管理者一定要注意别接过他肩上那只好动的"猴子"。谁肩上的"猴子"，谁去负责照顾。当然，属于管理者的"猴子"，管理者也不要扔给自己的上司。

"反授权"可能引发一系列的管理问题，管理者会陷入频繁的琐事处理中，无法专注于更重要的战略规划和团队管理工作。而且，这种情况如果蔓延开来，会在团队中形成一种不良的工作风气，让员工们缺乏对本职工作的责任担当意识，过度依赖管理者来解决问题。

对于管理者而言，如何正确应对这种"反授权"情况，是一项需要认真思考和妥善处理的重要挑战。它关系到团队的工作效率和整体绩效，以及管理者自身的管理效能和管理能力的有效发挥。

扮演好管理者的多重身份

在过去，企业的管理架构仿若一座金字塔，层级清晰，权力与责任沿着自上而下的方向传递。然而，伴随企业全球化的步伐加速、信息技术的飞速发展以及工作环境的持续变迁，传统的金字塔型管理结构正逐步被一种更为动态且灵活的新型管理结构所替代。在这个繁杂的结构之

管理影响力

中，团队管理者的角色不再仅仅是单纯的计划与控制，他们必须具备更多元的能力，以适应快速变化的外部环境和内部需求。

在现代组织里，管理者是智慧的领航者，凭借敏锐的市场洞察力和前瞻性思维，为团队规划清晰的发展路径，引领大家在复杂多变的市场中找准方向；他是坚实的后盾，当团队面临挑战和压力时，给予坚定的支持与鼓励，让成员们充满信心地迎接挑战；同时，他也是沟通的桥梁，促进团队内部及与外部各方的顺畅交流，确保信息的准确传递与共享，推动合作的顺利进行，以其多元的身份助力团队在新管理模式下蓬勃发展。

这些角色涵盖外交家、观察家、政委、调解人以及培训师。这五个角色相互交织，共同对团队的成功与发展发挥作用。

1. 外交家：平衡外部环境，获取最佳资源

企业的生存和发展不仅依托于内部管理，还与外部环境的互动紧密相连。管理者需要肩负起"外交家"的职责，具备出色的沟通与谈判能力，以便在复杂多变的外部环境中为企业争取最大程度的支持和资源；需要与政府机构、行业协会、供应商、客户等外部组织构建并维护良好的关系，通过战略合作关系，提升企业的竞争力。

外交家的作用不仅体现在高层谈判之中，更体现在日常的关系管理当中。一位优秀的管理者能够敏锐地察觉外部环境的变化，及时调整企业的战略方向，确保企业在变化的浪潮中依然能够稳健前行。例如，在面对突如其来的市场变动或者政策调整时，管理者需要迅速与外部伙伴进行沟通，探寻应对策略，将负面影响降至最低。

2. 观察家：洞察内外部变化，形成有效理念

身为"观察家"，管理者必须时刻保持对环境变化的敏锐感知，精

准判断趋势，识别潜在的机遇和威胁。这既包括对外部市场和行业的观察，也涵盖对内部企业文化、组织结构、运营模式以及成员动态等细致入微的观察。通过这些观察，管理者能够形成行之有效的理念和战略，引领企业在变化中保持竞争优势。

此外，观察家角色还要求管理者了解团队成员的需求和反馈，以此来调整企业的内部政策和管理方式。唯有如此，企业才能真正构建起一个具有凝聚力和向心力的团队，推动企业不断向前发展。

3. 政委：传播文化与目标，赋予行动意义

"政委"角色的关键在于传播企业的文化、理念和目标，并通过这些要素赋予团队成员行动和意义。一个成功的企业不仅仅是一台追求利润的机器，更是一个拥有共同价值观和使命感的团队。在这个团队中，每个成员都应当清晰地理解企业的存在目的、正在从事的工作以及为何要这样做。

政委的作用并非仅仅是简单的宣传，更是通过持续不断的沟通和激励，让企业的核心价值观深入人心。通过明确的价值导向和目标设定，政委能够激发团队成员的内在动力，使他们在工作中感受到成就感和归属感。这种强烈的使命感和认同感，能极大地提高团队成员的工作积极性和创造力，进而推动企业的长期发展。

例如，在一家以创新为核心价值的科技公司，政委的角色就显得尤为关键。他们需要不断强调创新对公司的重要性，并通过实际行动和奖励机制来鼓励团队成员进行创新。在这样的文化氛围中，团队成员会更加积极地投入到创新工作之中，为企业带来更多的创新成果。

4. 调解人：化解冲突，促进内部协同

在一个充满多样性和复杂性的企业环境里，内部意见的分歧和冲突在所难免。作为"调解人",团队管理者需要具备卓越的协调和沟通能力,以化解这些冲突,促进团队的协同合作。管理者的任务是确保不同部门、不同成员之间的意见能够得到充分的表达和尊重,同时寻找到平衡点,以达成一致的目标。

调解人的作用不仅在于解决眼前的冲突,更在于通过营造一种开放、包容的团队文化,使成员在未来能够更加顺畅地沟通和合作。一个善于调解的管理者能够将冲突转化为发展的动力,通过建设性的讨论和协调,推动团队达成更高的共识,形成更强的凝聚力。

例如,在一个跨职能团队中,不同部门的成员可能会因为目标各异而产生冲突。调解人的角色就是要找出这些不同目标之间的共同之处,并通过沟通和谈判,使团队成员达成共识,以更好地推动项目的进展。

5. 培训师:提升能力,塑造未来竞争力

在知识更新速度日益加快的当下,企业的竞争力很大程度上取决于其成员的能力和素质。作为"培训师",团队管理者不仅仅是管理者,更是团队成员的导师和教练。他们需要制定并实施有效的培训计划,助力团队成员不断提升专业技能和综合素质,以适应企业的发展需求。

培训师的作用不仅体现在技能培训方面,还包括对团队成员进行行为规范和企业文化的传授。通过持续的培训,管理者能够帮助团队成员更好地理解企业的价值观和行为准则,从而在日常工作中自觉遵循这些规则。同时,管理者还需关注团队成员的职业发展,提供恰当的指导和支持,帮助他们实现个人和职业的成长。

一个成功的培训师能够为企业培养出一支具备高素质、高能力的团队。这支团队不仅能够应对当前的挑战,还能在未来的竞争中崭露头角。例如,一家快速发展的科技公司需要不断更新技术,培训师的角色

就显得尤为重要。通过系统的培训，团队成员能够掌握最新的技术和知识，为公司的创新发展提供源源不断的动力。

综上所述，现代团队管理者不仅需要具备传统的管理技能，更需要扮演多个复杂的角色——外交家、观察家、政委、调解人和培训师。这些角色不仅是管理者在日常工作中的具体呈现，更是他们引领企业走向成功的关键要素。

正如彼得·德鲁克所言："既需要有才智，又需要有直觉；既需要有理性，又需要有感情；既要善于在办公室中分析研究问题，得出科学结论，又要善于凭经验解决问题。"通过成功扮演这些角色，团队管理者能够为企业的长期发展奠定坚实的基础，并让企业在激烈的市场竞争中屹立不倒。

优秀的管理者是"造梦"大师

小时候经常玩红白机游戏《超级玛丽》，游戏最终的目标是营救美丽的公主；风靡一时的网络游戏《魔兽世界》，目标是带领阵营成长，保护自己的营地；还有一款由拳头游戏开发、中国内地由腾讯游戏代理运营的《英雄联盟》游戏，其最终目标是保卫世界和平……这些游戏无

管理影响力

一例外都设定了一个宏大的目标愿景。想要组建一支优秀团队，第一步就是要设定宏大的愿景。这个愿景应清晰具体，但不局限于企业或具体工作，而是和人类生活、世界进步等概念相结合。

有句歌词是这么唱的：心若在，梦就在。作为企业的管理者，必须为自己的企业造梦，只有塑造出共同的梦想，才能凝聚一批人才。

我知道我的梦想是什么，所以我努力；我们知道我们的共同梦想是什么，所以我们团结。同一个梦想，同一个目标，让团队成员劲往一处使，心往一处聚。像奥运火炬传递者一样，先点燃梦想的圣火，让团队成员对未来美好的前景充满幻想和憧憬，激励他们不断地向着目标前进。不管前方遇到什么挫折，团队成员都会觉得这只是小插曲，只要努力，很快就会过去，一定可以达到理想的目标。

现代管理学之父彼得·德鲁克认为，一个企业必须要思考这样三个问题：

第一，我们的企业是什么？

第二，我们的企业将是什么？

第三，我们的企业应该是什么？

这三个问题有了答案，企业的愿景就呼之欲出了。如：

第一，我们的企业是汽车制造公司。

第二，我们的企业将是专业的、全球性的大型汽车制造公司。

第三，我们的企业应该让更多的工薪阶层开上汽车。

"让每一个人都拥有一辆汽车"——这个愿景就呼之欲出。这是100多年前美国福特汽车公司的愿景。当亨利·福特勇敢地向世人宣布时，很多人都觉得他是个疯子。但是历史最后证明，他是个伟大的企业家和梦想家。

不要担心愿景难以达成。容易达成的都不叫愿景，最多叫目标。团队的成就不是由管理者遇到的问题所决定的，而是由管理者解决的问题所决定的。管理力体现在解决问题，而不是背负问题，让问题越来越多。

愿景是团队启航的原动力，管理者是"船长"，他告诉团队成员哪里有宝藏，给他们一个航向，让他们拥有一个实现自我价值的舞台。

打造企业愿景的三个步骤：

1. 明确核心价值

企业需要清晰界定自己的核心价值和使命。这包括思考企业存在的根本目的、对社会的贡献以及希望为客户带来的价值。通过深入理解这些核心要素，企业能够确立一个既符合自身特色，又具吸引力的愿景基础。

2. 设定长远目标

基于核心价值，企业需要设定一个既具有挑战性，又可实现的长远目标。这个目标应该既能够激发团队成员的热情和动力，同时又能引领企业不断向前发展。长远目标的确立需要考虑市场趋势、行业特点以及企业自身的资源和能力。

3. 构建共享愿景

企业需要将这个长远目标转化为一个能够被全体团队成员所理解和认同的共享愿景。这要求企业管理者通过有效的沟通和传播手段，将愿景的核心理念和具体实现路径传达给每一位团队成员。同时，企业还需要鼓励团队成员参与愿景的制定和讨论过程，以增强他们的归属感和责任感。通过构建共享愿景，企业能够凝聚全体团队成员的智慧和力量，共同为实现企业的长远目标而努力。

第4章
打造管理者的人格魅力

第 4 章　打造管理者的人格魅力

人格魅力是管理力的精髓

人格魅力是一种无形的力量，它体现在一个人的性格、气质、能力以及道德品质上，并能够吸引他人跟随与支持。在当今社会，一个能够受到他人欢迎和接纳的人，往往具备了一定程度的人格魅力。而在企业中，那些最出色的管理者，之所以能够获得上级的信任、同事的支持和团队成员的拥戴，正是因为他们拥有独特且强大的人格魅力。

联想集团的创始人柳传志就是一个典型的例子。在联想初创时期，柳传志的人格魅力展现在其强烈的进取心、远大的志向以及平和的处事风格上。尽管他在创业过程中遇到过许多挑战，如被客户无礼对待，但柳传志从不纠结于眼前的得失，而是以大局为重。他的这种宽容与远见正是他人格魅力的重要组成部分。

柳传志的魅力不仅仅体现在他的气度上，还体现在他的诚信与公正上。他以信守承诺为准则，凡事说到做到，公平对待每个人。这种原则性使得团队成员对他心悦诚服，愿意与他共同奋斗，帮助联想从一家小公司成长为全球知名的科技巨头。正是这种人格魅力，使他不仅吸引了

管理影响力

公司内部的团队成员,也赢得了许多外界的支持者。

然而,柳传志并没有止步于自我的人格魅力修炼,他深知,这种魅力是管理者必备的素质之一。他选拔接班人时,特别注重对方是否具备足够的人格魅力。正如他在写给杨元庆的信中提到的,他希望未来的管理者不仅要有能力,还要能够与前辈合作愉快,对创业者的贡献心存感激,并具备大度与宽容的心态。这些都是柳传志所重视的管理者特质,而这些特质背后,正是人格魅力的展现。

杨元庆之所以能够接班联想,正是因为他展现出与柳传志一致的远见卓识和务实态度。杨元庆不仅在能力上表现出色,他对工作也一丝不苟,认真负责,且十分注重细节。他的这种特质使得无论是上级、同事还是团队成员,都对他充满信任和敬佩。

杨元庆的魅力还体现在他的低调务实上。他不仅对工作有着极高的标准,还习惯默默奉献,不因小成就而张扬。这种低调且坚定的工作风格,使得杨元庆成为联想内部公认的管理者。同事们尊敬他,团队成员们追随他,而这一切,都源自他的人格魅力。

1. 不同阶段,不同的管理者魅力

在企业发展的不同阶段,管理者需要展现出不同类型的人格魅力。例如,在创业初期,企业需要一个敢于冒险、敢闯敢拼的管理者,他需要以身作则,带领团队直面各种挑战。这时,管理者的魅力在于其无畏的行动力和敢于冲锋陷阵的精神。

当企业进入发展阶段时,管理者的创新能力和带领团队实现飞跃的能力变得至关重要。这时,能够引领团队成员突破现状、实现新跨越的管理者更容易获得团队的认可和追随。

而在企业稳定阶段,管理者的稳健和公正处理事务的能力则成为其

第4章 打造管理者的人格魅力

核心魅力。这种稳重与公正，能够凝聚团队，使团队成员在一个公正的环境中工作感到安心，从而进一步增强企业的凝聚力。

当企业达到一定规模时，管理者的魅力体现在其对团队成员的关怀、对荣誉的淡泊以及能够将舞台让给年轻人的大度心胸。这样的管理者能够放下个人的得失，关注企业的长期发展，并鼓励新一代的团队成员接过接力棒。这种豁达的精神，正是吸引团队成员愿意继续追随的关键因素。

2. 培养人格魅力从自我修炼开始

那么，如何才能培养出令人钦佩的人格魅力呢？优秀的管理者往往具备以下几个突出的特质：

（1）远大志向

伟大的管理者往往具有超凡的远见卓识。他们不仅着眼于个人的成就，更致力于为企业和社会带来积极的改变。一个管理者即便只负责一个部门，也应具备宏大的视野和志向，能够从全局出发，为企业的长期发展规划出清晰的路径。

（2）强烈自信

管理者不可避免地会遇到各种复杂问题。有些管理者因为害怕失败而退缩，不仅给自己带来巨大的心理压力，还会在团队中传递出消极情绪，导致团队成员失去动力。而高情商的管理者则总是保持自信，无论面对多么困难的局面，他们都不会轻易放弃。在团队成员面前，管理者会表现出乐观和积极的态度，即便成功的概率很小，他们也会鼓励团队进行最后的尝试。这样的自信不仅能鼓舞士气，还能让团队成员相信，哪怕面对巨大挑战，他们仍有机会取得成功。

（3）有亲和力

优秀的管理者不仅需要权威，还需要亲和力。团队成员不希望每天面对一位只知道发号施令、态度冷漠的领导。相反，他们希望能够感受到领导的关心和支持。管理者具备亲和力时，团队成员会更愿意与其沟通，从而形成一种更加和谐的工作环境。

（4）有洞察力

管理者还需要具备敏锐的洞察力，能够预见未来的发展趋势，并迅速调整战略以应对变化。同时，他们还应当善于倾听不同的声音，确保团队的意见得到尊重。

（5）无私奉献

无私奉献的精神是打造强大团队的基石。当企业面临危机或重要挑战时，管理者应当具备牺牲个人或部门利益的胸怀，为企业的整体利益着想。正是这种奉献精神，能够带领整个团队在关键时刻共同克服困难。

培养人格魅力并非一蹴而就，而是需要长期的修炼和积累。管理者可以通过阅读经典书籍、学习历史人物的经验来提升自己的认知水平。同时，在日常工作中，管理者也应当注重锻炼自己的判断力和分析能力，从而在面对复杂情况时作出更加理性的决策。

修炼自己的"人格魅力"

人格魅力是一个人在言谈举止、道德风范、待人接物以及知识水平

第4章 打造管理者的人格魅力

等方面综合素质的体现,它是吸引他人目光与心灵的独特力量。在当今社会,如果一个人可以轻松获得他人的喜爱与信任,那无疑是他内在人格魅力外在显现的明显体现。这种魅力,就像磁石一样,让人在不经意间就被吸引,从而心悦诚服。

那些杰出的管理者更是深知其中的道理。他们之所以能够受到团队成员的真心拥护,根本原因就在于他们各自拥有独特且强大的人格魅力。这种魅力,不仅使自身更强大,还能激励周围的每一个人,一起描绘未来的事业蓝图。

智远科技公司刚创立的时候,董事长李明辉就凭借非凡的人格魅力,成为团队的核心人物。李明辉性格坚韧,有远大志向,面对挑战从不轻易放弃,同时他又保持着谦逊的态度,对待合作伙伴和团队成员就像对待家人一样,从不与人为敌,营造出了一个和谐向上的工作氛围。

有一次,李明辉去拜访一位重要客户时,遭到了冷遇,直接被当场拒绝。然而,他并没有因此而气馁或记恨,回到公司后只是微微一笑,自我安慰道:"路还长,咱们用实力说话。"这份胸怀和远见,正是他能够带领团队克服重重困难,从一个小公司发展成为行业巨头的关键。

李明辉的人格魅力还体现在他坚守诚信、说到做到、处事公平的作风上。团队成员们都知道,跟着他干,不仅有前途,而且有保障。所以,大家都心甘情愿地追随他,共同为公司的未来努力奋斗。

随着公司的发展壮大,李明辉更加注重自我修养和团队管理。他坚持每个月抽出时间阅读经典书籍,静下心来思考。这不仅丰富了他的内心世界,也让他在面对复杂情况时更加从容淡定。他深知,作为管理者,自身的人格魅力是凝聚团队、吸引人才的重要法宝。

在选择接班人时,李明辉特别看重候选人的品格和人格魅力。他曾

管理影响力

在给年轻有为的副总张伟的信中写道：他欣赏张伟的才华和志向，但更看重的是张伟的谦逊、对前辈的尊重以及对事业的执着与责任感。李明辉希望张伟能够继续发扬这些优秀品质，带领智远科技走向新的辉煌。

张伟之所以能够得到李明辉的认可，正是因为他具备了李明辉所看重的人格魅力。他工作认真负责，言出必行，同时又不失谦逊和务实。在团队成员眼中，张伟是一个值得信赖和依靠的管理者，他的存在让智远科技的未来充满了希望。

实际上，在智远科技乃至整个行业，像李明辉、张伟这样拥有独特人格魅力的管理者并不少见。他们或许性格各不相同，但都以自己的方式展现着管理者的风范与魅力，成为企业发展的重要支撑力量。

在企业成长的不同阶段，管理者的角色和所需的人格魅力也会随之变化。在初创与开拓期，管理者需要展现出果敢决断、勇于开拓的领袖气质。他们要以身作则，不畏艰难。这种冲劲和勇气往往能深深激励团队成员，赢得他们的真心拥戴。

进入快速发展阶段，管理者的创新意识成为关键。他们要能够洞察先机，带领团队打破常规，实现一个又一个具有里程碑意义的跨越。这种具有前瞻性的管理力和对成功的渴望，自然会赢得团队其他成员的喜爱。

当企业步入稳定期，管理者的稳健和公正就显得尤为重要。他们要用平衡的智慧处理内外部事务，确保企业的平稳运行。处事公平，待人真诚，这样的管理者才能够凝聚人心，营造和谐的团队氛围。

随着企业规模的不断扩大，管理者的人格魅力又有了新的内涵。他们开始关注团队成员的个人成长，愿意为年轻一代铺设道路，让出舞台和荣誉。自己则淡泊名利，展现出超脱和大度。这种对后辈的提携与关怀，无疑是人格魅力的最高境界。

因此，要成为一位优秀的管理者，就必须在人格魅力方面不断提升自己，打造独特的职场魅力品牌。以下是三点提升建议：

1. 持续学习，提升自我

保持对新知识、新技能的渴望，不断提高自己的专业素养和领导能力。通过不断学习，拓宽自己的视野，增强决策的科学性和前瞻性。

2. 注重品德修养

以诚信为根本，公正对待他人。以身作则，树立良好的职业道德和人格风范。用真诚和善良去感染他人，赢得他人的尊重和信任。

3. 培养同理心与管理力

关注团队成员的需求和感受，理解他们的困难和困惑。通过有效的沟通和激励方式，激发团队的凝聚力和创造力。同时，不断提升自己的管理能力，带领团队朝着共同的目标前进。

成大事的管理者，必须能抗压

在管理生涯中，压力无所不在——市场的变化、团队的管理、决策的风险以及自我的成长挑战等。

抗压能力不仅决定了管理者能否带领团队走向成功，还影响着管理

管理影响力

者在关键时刻的决策质量。能成就大事的管理者，必须具备强大的抗压能力。优秀的管理者，是在压力下依然能作出准确判断，并带领团队前行的人。

很多大公司，在发展初期都遭遇过严重的生存危机。例如，公司账户余额几乎见底，团队成员薪资难以按时发放，外部投资者也开始对公司的前景产生怀疑……在这样的情况下，管理者必须一边努力应对危机，一边保持平静继续推进项目。

当年，乔布斯被苹果公司解雇，失去了自己创办的公司，这对乔布斯来说无疑是巨大的压力和打击。许多人在这种情况下可能会陷入沮丧与自怨自艾之中无法自拔，但乔布斯却做到了"压力反转"。他并没有被打倒，反而在压力下创办了新的公司 NeXT，并且通过不断创新与坚持，最终重新执掌苹果，带领公司走向巅峰。

要在压力之下实现反转，管理者需要从如下几点着手：

1. 增强韧性，保持冷静

压力并非压倒我们的重担，而是激发我们潜力的契机。面对压力时，冷静是一个关键因素。很多时候，压力之所以能压倒我们，是因为我们在压力面前丧失了冷静和理智。管理者需要在面对突发状况时，第一时间保持冷静，不被情绪左右，然后迅速找到解决办法。

心理学家曾做过一个实验：将一群人置于密闭的房间中，让他们承受不同程度的压力。结果显示，那些心理韧性较强的人，尽管面临较大的压力，但他们依旧能够保持冷静，并且找到应对方法。而心理韧性较弱的人则很快崩溃，无法坚持。

强大的心理韧性，就如同一块橡皮筋，能够在受到拉扯时迅速恢复原状。每一次的压力和挫折，都是管理者增强心理韧性的机会。

第4章 打造管理者的人格魅力

2. 分解压力，逐个击破

当面对巨大的压力时，许多管理者往往感到难以承受，这是因为他们试图一次性解决所有问题。其实，压力是可以分解的。当管理者把一个复杂的问题分解成若干个小目标时，原本看似无法承受的压力也会变得易于处理。

有一位创业者朋友曾分享他的经验：公司创立初期，资金不足、市场不明、竞争激烈，各种压力纷至沓来，他几乎要崩溃了。他的导师告诉他，面对压力，要先列出所有压力源，然后根据优先级逐步处理。于是他开始把问题一个个罗列出来，最优先的是解决资金问题，然后是市场开拓，最后是团队管理。通过这样逐步分解，原本难以承受的巨大压力，被他逐步化解，最终成功带领公司稳步发展。

压力分解法是管理者应对复杂局面的重要手段。面对无处不在的压力，学会逐步拆解并合理安排每一步，将使压力变得可控，从而能够高效完成任务。

3. 借力抗压，众人拾柴

一个优秀的管理者并非要单打独斗，而是要善于借力。在面对压力时，懂得借助团队的力量、外部的资源以及高效的工具，是抗压的重要策略。每当管理者面对棘手的难题，团队的智慧与力量往往能够帮助管理者找到更好的解决方案。

华为创始人任正非在面对巨大压力时，一直强调"团队的力量"。在华为全球拓展遇到瓶颈时，任正非并没有选择独自应对，而是依靠全球化的战略布局与团队协作，最终打破了市场壁垒，成功进入全球市场。

任正非的做法启示我们：管理者要善于集思广益，借助团队的智慧，将压力转化为动力。一旦管理者懂得如何借助外力，很多压力将会变成团队前进的动力。

管理者要有高情商

很多人都觉得，智商高就意味着成功的可能性大。然而，现实一次次证明，智商的高低并不能直接决定一个人的成就高低。在管理岗位上，这个道理同样适用。仅仅有高智商，但情商低，也是难以胜任工作的。情商，简单来讲，就是管理自身情绪的智慧，包括认识、理解、表达和调节自己情绪的能力。

管理者的角色，既要管理他人又要接受他人管理，需要在不同场合灵活切换。特别是对于刚担任管理者的人来说，新角色带来的压力非常大，此时如果情绪管理不当，动不动就发脾气，是很难赢得他人支持的，更不可能展现出令人信服的人格魅力，也无法把团队拧成一股绳了。

再者，管理者的情绪相当于团队的晴雨表。作为团队的带头人，他能够激发大家的斗志，让每个人都充满干劲。要是管理者自己都垂头丧气，怎么能期望团队士气高昂，为公司拼搏呢？所以，管理者要时刻提

第4章 打造管理者的人格魅力

醒自己，情绪管理这根弦不能松懈。

管理者的高情商主要体现在以下几个方面：

1. 自信、坚韧，绝不轻易放弃

作为管理者，在经营公司的过程中难免会碰到一些棘手的问题。有些管理者，面对这些难关时，内心或许会被恐惧笼罩，不仅自己承受着巨大压力，还可能在不经意间向团队成员传递出消极的信号，言语中透露出挫败感。这无疑给团队氛围蒙上了一层阴影，团队成员也随之感到士气低落。

然而，总有那么一些管理者，他们拥有非凡的自我控制能力，即便在前途不明、胜算微小的情况下，他们依然能够保持那份难得的自信与坚韧，绝不轻易放弃。他们清楚，作为团队的引领者，自己的情绪和态度对团队有着深远的影响。因此，即便在最艰难的时刻，他们也绝不让悲观的情绪在言语中表露出来，而是选择以积极乐观的态度，给予团队成员最温暖的鼓励和最坚定的支持，带领大家充满信心地迈出尝试的步伐，共同寻找未知的转机和希望。这样的管理者，无疑是公司最宝贵的财富，他们用自己的行动诠释了什么是真正的管理力和担当。

2. 意志坚强，信念坚定

在硝烟弥漫的战场上，决定双方命运天平倾斜的，不仅仅是武器的冰冷交锋，更是内心深处那股不可动摇的胜利信念，以及摧毁对手意志的决绝力量。最终，胜利的旗帜往往飘扬在那些意志如钢铁般坚硬、信念如磐石般坚定的部队上空，因为胜利的本质，就是彻底粉碎敌方对胜利的渴望和幻想。

同理，商业的竞技场是一个没有硝烟的战场，而公司的管理者，则扮演着运筹帷幄、决胜千里的统帅角色。在这里，坚强的意志不仅是管理者个人的铠甲,更是整个团队精神风貌的写照。只有管理者自己拥有坚不可摧的意志,才能激发团队成员内心深处对胜利的渴望,点燃他们心中的斗志,让每一位成员都坚信,无论前路多么崎岖,胜利终将属于他们。这样的团队,才能在激烈的市场竞争中,像利刃一样冲破重重困难,抵达胜利的彼岸。

3. 沉着冷静,从容不迫

高情商的管理者,总能在决策时刻展现出超乎常人的冷静和沉稳。仿佛在万丈高空的钢丝上行走,四周是呼啸的狂风和未知的深渊,他们却依然能够保持那份从容,以冷静而深邃的目光洞察局势,精准地把握每一个细微的变化。

这样的管理者,懂得如何在高压下调节自己,沉着冷静,从容不迫,在关键时刻迅速理清头绪,透过现象看到本质,从而作出既果断又明智的决策,引领团队稳步向前。

正是这份冷静和从容,让他们在复杂多变的商业环境中应对自如,成为团队最坚实的后盾和引领者。

4. 富有亲和力

很多管理者虽然并非能力超凡出众,但却非常富有亲和力,身边聚集着一群爱戴他的团队成员。他们就像团队中温暖的灯塔,用满腔的热情和关怀,温暖着每一位团队成员的心。

这份独特的亲和力,正是一种高情商的表现。它就像磁石一样,吸引着众多追随者,因为和这样的管理者在一起,每天都充满快乐和满足。他们深知,人心齐,泰山移,只有用情感打动他人,才能凝聚团队最坚实的力量。

这些管理者,以细致入微的关怀,编织了一张张守护团队成员的温情网。无论是团队成员情绪的细微波动，还是生活中的风雨坎坷，他们都能敏锐地察觉到，并第一时间伸出援助之手。从日常的交流谈心，到关键时刻的全力相助，他们用实际行动诠释着"以人为本"的管理理念。

每当团队成员面临重大挑战或困境时，他们更是化身为最坚实的后盾。无论是天灾人祸的无情打击，还是个人生活的困扰，他们都会及时出现，用温暖的话语和坚定的支持，为团队成员的心灵撑起一片晴朗的天空。这种超越职责的关怀，让团队成员深切感受到了家的温暖，也让整个团队在和谐与凝聚中不断成长、发展。

情商与智商是成功道路上不可或缺的珍宝，它们相互补充，共同构建了个人全面发展的基础。虽然高情商能够极大地促进人际关系的和谐、增强团队的凝聚力，但这并不意味着我们就能忽视智商的价值。相反，一个既拥有高情商，又具备高智商的人，能够更加敏锐地洞察问题的本质，同时以情感智慧引领团队前进，其成就往往更加辉煌。

值得注意的是，智商与情商的高低并非对立，它们各自独立，却又能在个体中和谐共存。高智商者同样可以培养出卓越的情商，以更加人性化的方式运用自己的智慧；而低智商者，如果能在情商方面有所成就，也能以情感的力量弥补智力上的不足，赢得他人的尊重和信任。

因此，我们应该追求的是智商与情商的完美结合，让两者在个体中相互促进，共同助力个人成长和事业成功。这样的结合，不仅能让个体在复杂多变的环境中应对自如，更能激发其无限的潜力，创造出超越常人的辉煌成就。

管理影响力

喊破嗓子，不如做出样子

作为一名管理者，与其通过命令和指示来约束团队成员，不如以自身的实际行动来激励和引导他们。喊破嗓子，不如做出样子。管理者以身作则，团队才会紧跟其后，共同为达成企业的目标而拼搏。

在战场上，军官的行动对士兵的士气和战斗力有着极为重要的影响。如果一位军官站在后方喊"士兵们，上"，士兵们可能不会愿意全力冲锋；但如果军官站在最前线，身先士卒大喊"跟我上"，士兵们就会被激发出无畏的勇气，奋勇向前。这就是以身作则的力量，它胜过一切口号和指令。

一位刚毕业的日本女孩进入东京帝国酒店工作，负责清洁卫生。她的上司要求她将马桶擦洗得光洁如新，这对于初入职场的女孩来说是极具挑战的任务。女孩感到无比困难，多次因此落泪。

直到有一天，一位前辈亲自示范如何清洗马桶。前辈擦洗了八遍，直至马桶闪闪发光。为了展示清洁效果，前辈甚至从马桶里舀出一杯

第 4 章　打造管理者的人格魅力

水,毫不犹豫地喝了下去。这一举动深深触动了女孩,她下定决心,哪怕花费一辈子,也要把工作做到极致。多年后,这名女孩成为日本的内阁大臣——她叫野田圣子。

这个故事告诉我们,行动比言语更具力量。野田圣子的前辈没有用空洞的言辞去激励她,而是通过实际行动让她明白了工作的标准,并给了她认真工作的决心。

在企业中,许多问题并非因为没有规章制度约束,而是这些制度未能得到有效执行。李嘉诚曾说过:"领导的行为往往被团队成员看在眼里,领导要求团队成员做到的,自己必须首先做到。"一个企业能否严格遵守规章制度,取决于管理者是否以身作则。

联想集团的创始人柳传志曾制定了一个规矩:开会迟到者必须罚站,无论职位高低,规则一视同仁。即使是柳传志的老领导,也必须在迟到后主动罚站。柳传志本人也曾因迟到而被罚站三次,这种严格遵守规矩的态度让全体团队成员明白,规则不仅是为他们设立的,领导也必须严格遵守。领导以身作则,方能赢得团队成员的信任和尊重。

管理者往往会成为团队成员的榜样。一个始终保持高效、严谨作风的领导,能潜移默化地影响整个团队的工作风格。相反,若领导在工作中散漫拖沓,团队成员也会效仿其不良习惯。

那么,管理者怎样才能真正做到以身作则呢?

1. 卓越的自我管理能力

一名优秀的管理者,首先要具备卓越的自我管理能力。他们能够独立思考、有效规划工作,无须外界过多的监督。

2. 忠于目标

管理者需要对事业、团队和企业充满忠诚，愿意将自己的情感与精力奉献给工作。这种忠诚会感染团队成员，激励他们共同奋斗。

3. 追求卓越

管理者应始终保持追求卓越的精神，不断提升自己的技能，以高标准要求自己，并通过行动影响团队成员。

4. 诚信与责任

管理者必须具备高度的诚信，团队成员才会信任他的判断和决策。勇于承认错误，敢于承担责任，也是赢得团队成员信任的关键。

勇于担责是赢得尊重的关键

经常听到很多事业有成的人说这样一句话："权力越大，责任越重。"作为管理者，不仅拥有更多的权力，还肩负着更大的责任。管理者的决策可能会影响整个团队的工作进度、项目的成败，乃至公司的未来走向。因此，当问题出现时，能否勇于承担责任，直接反映了管理者的格局和能力。

第4章　打造管理者的人格魅力

勇于承担责任，最直接的含义就是在面对错误或问题时，不推诿，不找借口，而是站出来承认问题，并带头解决。管理者的责任不仅体现在出现问题时的危机处理上，还包括对团队的支持、对工作的监督以及对结果的全面掌控。

在管理工作中，责任感是一个人管理能力的核心。如果管理者总是将错误归咎于团队成员，或者在面对问题时试图逃避责任，那么团队成员将会失去对他的信任。而一个勇于承担责任的管理者，能够迅速赢得团队成员的尊重和信赖。因为大家知道，无论发生什么，领导都会站在最前沿解决问题。

例如，某公司的销售总监张总在一次年度销售目标未达成的情况下，并没有把责任推给市场环境或团队成员。相反，他站出来向公司高层坦诚地承认自己的决策失误，指出在市场判断上的错误，并积极提出解决方案和改进措施。正是张总的这种坦诚和责任感，不仅避免了团队士气的低落，还激励了团队成员在下一年度中全力以赴，最终超额完成了新的目标。

在面对问题时，敢于承担责任的管理者往往具备更大的格局。他们不会被眼前的失败或困难击垮，而是能够从中总结经验，并迅速调整策略。他们明白，在出现问题时，推卸责任只会让局面变得更糟，而只有带头承担，才能为团队创造出更大的发展空间。

以苹果公司的创始人史蒂夫·乔布斯为例，尽管他以严苛著称，但在产品发布失败时，他从不将责任推给团队，而是第一时间承认错误，公开表示"我们没有做好"。这种态度使他的团队在失败后依然愿意为他拼搏，最终推出了全球著名的iPhone。

勇于承担责任不只是承认错误，更重要的是迅速行动，采取补救措施。管理者应该在问题出现后，立即展开调查，找出问题根源，并带领团队找到解决方案。这不仅可以有效地降低问题对企业的影响，还能向团队成员展示管理者解决问题的能力和决心。

一个典型的案例是福特汽车公司。20世纪90年代，福特推出了一款名为Pinto的车型。但由于设计缺陷，该车在碰撞时容易引发燃油箱爆炸事故。面对这个危机，福特的管理层并没有选择隐瞒或逃避，而是迅速召回所有问题车辆，并为消费者提供免费修理和赔偿。这种果断的行动，不仅挽救了福特的声誉，还收获了大量忠实的消费者。

如何培养勇于承担责任的管理风格呢？

1. 树立正确的心态

作为管理者，首先要意识到，错误是不可避免的，重要的是如何应对错误。当管理者具备"错误不可怕，逃避才是问题"的心态时，就会发现，承担责任并不会让自己失去权威，反而能在团队中树立更加可靠的形象。

2. 建立公开透明的沟通机制

在管理中，建立公开透明的沟通机制，可以帮助管理者更好地发现问题。当团队成员感受到管理者的责任感和支持时，他们会更加愿意主动提出工作中的问题，从而让管理者能及时介入，避免问题扩大。

3. 以身作则

管理者的行为往往会成为团队成员效仿的榜样。如果管理者能够在日常工作中展现出勇于承担责任的态度，团队成员也会在面对问题时主动承担责任。这不仅有助于企业建立良好的工作文化，还能提升整体的执行效率。

4. 培养团队责任感

除了管理者自身，团队中的每一名成员也需要有强烈的责任感。管理者可以通过明确分工、建立激励机制等方式，培养团队成员的责任心，让每个人都清楚自己的职责，进而愿意为结果负责。

勇于承担责任，不仅是管理者个人成长的标志，更是带领团队走向成功的必要品质。一个敢于站出来承担责任的管理者，能迅速赢得团队的信任与尊重。而这种责任感，也将为企业注入强大的动力。

第5章
设定目标，做好远期规划

第 5 章　设定目标，做好远期规划

没有目标的努力，只是在浪费时间

目标管理，简单来说，就是通过设定清晰明确的目标，提升个人和团队的工作效率，最终促进企业整体绩效的提升。许多企业看似忙碌不停，但最终结果却不尽如人意。原因很简单：缺乏明确的方向和目标。倘若不清楚自己要前往何处，又怎能抵达目的地呢？

1954 年，美国管理专家彼得·德鲁克在《管理的实践》一书中首次提出了"目标管理"这一概念。目标管理是以最终目标为导向，协调各类资源有效利用的一种管理活动。它是以目标的设定、分解、实施以及完成情况的检查与奖惩为手段，借助团队成员的自我管理来实现企业经营目标的一种管理方法。

德鲁克的目标管理体系在美国得到了广泛的应用与验证，并迅速风靡全球。

杰克·韦尔奇在担任通用电气的首席执行官期间，大力推行目标管理。韦尔奇将目标管理与严格的绩效考核体系相结合，每年都会设定明确的公司目标，并将这些目标分解到各个业务单元和个人。

管理影响力

　　通过目标管理，公司的各个层级明确了职责，确保每个团队成员都清楚自己的工作如何直接影响公司的整体目标。这种方法不仅提高了通用电气的运营效率，还促使团队成员积极参与公司的改革与创新，为通用电气成为全球领先的多元化工业企业奠定了坚实基础。

　　德鲁克认为，并非先有工作才有目标，而是有了目标才能确定每个人的工作。所以，"企业的使命和任务，必须转化为目标"，若一个领域没有目标，该领域的工作必然会被忽视。

　　因为有了目标，所有行动都围绕目标展开。再艰巨的任务，也会在目标的吸引下逐步靠近、直至达成。正如德鲁克所说："目标并非命运，而是方向。目标并非命令，而是承诺。目标并不决定未来，而是动员企业的资源与能量以便塑造未来的那种手段。"

　　例如，有一家销售公司，他们为每个销售人员设定了年度销售目标，并每月跟踪目标达成的情况。在这个过程中，不仅销售人员清楚自己每月要完成的任务量，公司领导也能及时掌控全局，必要时进行调整或提供支持。结果，这家公司不仅在销售额上超出预期，还极大地提高了团队成员的积极性，因为大家都明白自己在为一个明确的目标而努力奋斗。

　　没有目标管理的企业，就如同在大海中漂泊的小船，方向模糊，力量分散。相反，有了明确的目标，就好似有了指南针，所有人都能朝着正确的方向前行，效率大幅提升。

　　目标管理并非复杂的理论，而是每个企业都能切实运用的"指南针"。通过明确方向、跟踪进展、持续改进，企业才能在激烈的竞争中崭露头角。

第 5 章　设定目标，做好远期规划

设定清晰而可行的目标

一个好的目标必须具备两个重要特质：清晰与可行。

"清晰"意味着管理者一定要保证每个团队成员都能清楚地知晓这个目标具体是什么，以及需要去做什么；"可行"则是说目标应当具备能够实现的可能性，而不是那种无法触及的遥远目标。

1. 目标必须明确具体

大多数人经常会犯的错误就是把目标设定得太过宽泛，结果导致无法落实。例如，很多企业把目标设定为"提高客户满意度"。这听起来好像还不错，但问题是，这样的目标太不清晰了，根本不知道该从哪里开始行动。正确的做法应该是，明确怎样去提升客户满意度，如"在三个月内，把客户投诉率降低 5%"。

有一家零售公司，最初它的目标是"提升客户体验"，然而团队成员对这个目标的理解不一样，有的觉得是优化产品，有的则认为是改进售后服务。后来公司把目标具体明确为"在六个月内，将客户购物满意度提高到 85% 以上，并且把退货率降低到 10% 以下"。有了这样明确的目标后，团队清楚地知道了改进的方向，最终不仅提升了客户体验，还带动了业绩的增长。

每个目标都应该尽量包含具体的数字或者可衡量的标准，只有这样，才能让大家做到心中有数。

2. 目标要具备可行性

在设定目标的时候，需要依据实际情况来进行。假如目标设定得过高，团队没有能力完成，反而会让他们丧失信心。例如，有一家中型制造企业希望在一年的时间里把产能提高两倍，但是经过了解分析后知道，无论是设备，还是人员以及资金等方面，都没有足够的条件来支撑这个目标。最终的结果是，团队虽然努力地拼搏了，但是因为目标实在是太遥远了，所以还是以失败告终。

3. 分解目标，逐步实现

大目标往往看似遥不可及，但将其分解为小目标，则能让人看到希望。一个庞大的目标，若分解成各个阶段的小目标，执行起来便不会那么困难。

有一家初创公司，它的目标是在两年内进入全国市场，这听起来相当有挑战性。不过公司管理层很聪明地把这个大目标拆分成了多个小目标。第一步是"在半年内占据当地市场15%的份额"，第二步是"在一年内拓展到省内两个主要城市"。这样分解目标的好处是，团队不会被巨大的目标吓到，而是可以有条理地完成每个阶段的任务，最终达成整体目标。

登上高山不是一下子就能做到的事情，而是需要一步一步地积累。把大目标分解成具体的小任务，才能够让团队保持动力和信心。

4. 目标设定的常见误区

（1）目标过于模糊

模糊的目标是最大的阻碍。例如，有的公司会设定"提升品牌形象"这样的目标。虽然方向是正确的，但是缺少明确的路径和衡量标准。要想避免这类问题，就一定要让目标具体到可操作的层面。例如，把"提升品牌形象"变为"在半年内将品牌的社交媒体关注度提高10%"，这样一来，团队成员就清楚该朝着哪个方向努力了。

（2）忽视长期目标

很多企业容易忽略长期目标的设定，只是一味地关注短期利益。尽管短期目标能够带来当下的好处，但是没有长期规划的支撑，企业的发展很可能会偏离正常轨道。在设定目标时，既要考虑到眼前的工作，也要为未来的发展打下基础。

有一家餐饮连锁公司为了快速拓展市场，设定了在短期内新增50家分店的目标。然而，他们忽视了长期的品牌建设和供应链优化问题，结果导致扩张后服务质量下降，客户体验感降低，最终对公司的长期发展造成了负面影响。后来，他们在目标设定中加入了长期的品牌提升和服务优化策略，才得以实现稳步增长。

管理影响力

个体、组织目标一致,才能激发工作动力

有些管理者认为,只要给团队成员设定清晰明确的关键绩效指标,再配上充足的激励措施,团队成员自然就会竭尽全力。但实际情况并非如此。管理者有没有思考过,为什么有些团队成员即便有丰厚的奖励,却仍然缺乏动力呢?根本原因是,他们的个人目标和公司的目标不一致。

目标设定并非依靠管理层凭空决定。管理者可以提供宏观的方向,团队成员则需要从执行的层面给出意见和建议,这样设定的目标更具现实性和可操作性。团队成员的参与能让目标更贴近实际情况,提高执行效率。

目标一致性不仅能让团队成员感受到工作的重要性,更能让他们清晰地看到自己的工作会如何影响企业的成功。当团队成员意识到自己的工作和公司发展紧密相关时,他们会更自觉地投入工作。例如,当一个销售人员知道自己的业绩影响到公司的市场扩展策略时,他就不只是在完成个人任务,还在推动公司的未来发展。这种关联性会激励他不断挑

第 5 章 设定目标，做好远期规划

战自己，而不是停留在舒适区。

在高效的团队中，所有成员都朝着同一个方向努力。目标一致是协作的基础。如果每个人都有自己的私心，团队效率就会大大降低。而当每个人的目标与企业目标一致时，团队协作会更加顺畅，成员间的信任和支持也会增强。想象一下，一个跨部门的项目团队，所有成员都清楚项目的成功直接关系到公司年度目标的实现，他们自然会更积极地沟通、协作，而不是在部门之间互相推诿。

确保目标一致性，要求管理者帮助团队成员理解并将企业的目标内化为自己的认知，同时引导他们把个人职业目标和企业战略目标相结合。做到这一点的关键在于沟通和引导，而不是简单的命令。

在实际操作中，管理者需要和团队成员深入交流，探讨他们的职业抱负和发展方向。这种沟通是一个持续的过程，能帮助团队成员找到自己在公司目标中的角色。通过定期的职业发展谈话，管理者不仅能帮助团队成员制定职业规划，还能确保这些规划和公司战略一致。

目标设定之后，管理者可以利用目标地图来提醒并确保团队成员的个人目标与整体目标保持一致。

目标地图通过可视化的方式，将一个复杂的目标分解成清晰的步骤和阶段，让个人或团队能够更好地规划行动，并保持目标的一致性。它能帮助管理者和团队成员清楚地看到每个阶段的任务和进展情况，并确保在规定的时间内达成目标。

目标地图类似于路线图，它将目标的设定、实现的路径、时间节点等内容以图形化的方式展示出来。目标地图通常包括以下要素：

（1）核心目标：这是最终目标或期望达成的结果，位于图表的中心或顶端。

管理影响力

（2）中期目标：为实现核心目标而设定的中期里程碑。

（3）短期目标：为实现中期目标而设定的短期任务或行动计划。

（4）具体步骤：每个短期目标需要采取的具体行动步骤，确保目标得以实现。

（5）时间线：标注每个步骤或阶段的时间节点，以便把控进展情况。

为了更形象地说明，我们假设一家科技公司希望在一年内推出一款新产品，并占领一定的市场份额。那么，他们的目标地图见图1。

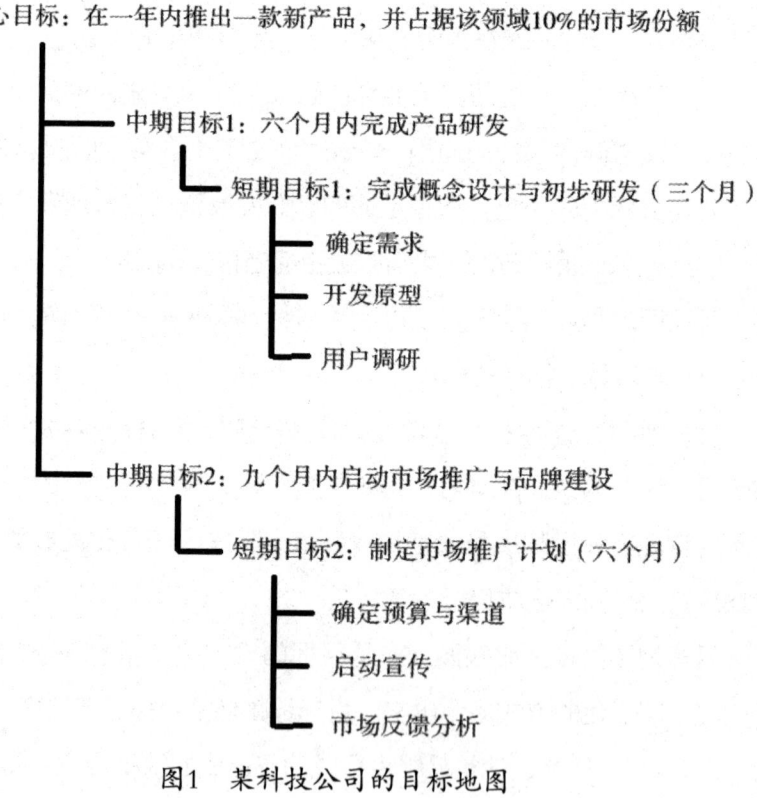

图1 某科技公司的目标地图

第 5 章　设定目标，做好远期规划

制定目标要符合SMART原则

目标管理作为一种高效的管理方法，其应用范围远不止于年度销售目标的设定，而是广泛涵盖了生产管理、现场管理、售后管理以及企业运营的各个层面。在精心策划与制定这些目标时，管理者应当严格遵循SMART原则（见图2），以确保目标的明确性、可衡量性、可实现性、相关性和时限性。

具体来说，SMART原则要求目标设定需具备以下五个特征：

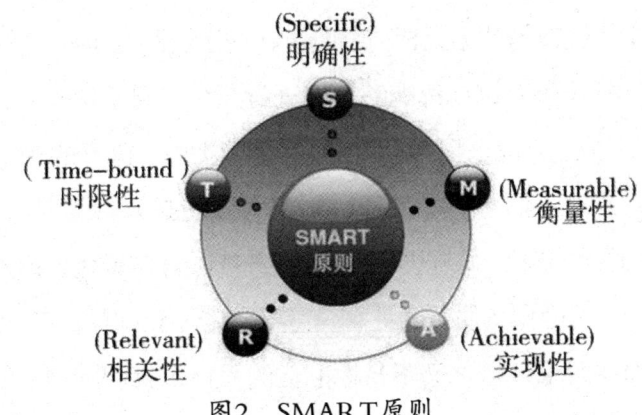

图2　SMART原则

1. S——明确性（Specific）

明确性是SMART原则中的关键要素之一。它要求我们在设定目标时，务必运用清晰、明确且具体的语言来阐述所期望达成的行为标准。

举例来说，相较于笼统地表述"提升客户满意度"这一目标，更为理想的做法是将其细化为一系列具体、可操作的措施。例如，"在接下来的一个季度内，通过把客户投诉率降低20%，将首次响应客户时间缩短至24小时内，并保证所有客服人员使用规范礼貌用语，以及遵循标准化的服务流程，以此显著提升客户满意度"。

这样的目标设定方式，不仅能让团队成员对目标有更为直观和清晰的认识，还便于后续对目标执行情况进行跟踪、评估和调整，从而确保目标能够有效达成。

2. M——衡量性（Measurable）

在目标管理的实践过程中，保证目标的可衡量性极为重要。它直接关乎目标达成情况的明确界定与评估，避免了因模糊不清而引发的分歧和误解。为此，我们应当倾向于利用数据来量化目标，例如，明确设定将客户投诉率从2%降低到1.5%的具体数值，或是规定在30天内完成审核并提交。这样的数据指标清晰明了，便于追踪与考核。

然而，并非所有目标都能够直接进行量化。对于这类难以量化的目标，我们可以转而追求标准化与流程化，以确保执行的一致性和规范性。例如，在客户服务领域，通过制定详细的服务用语规范以及接听/挂断电话的标准流程，即便这些行为本身难以直接量化，但通过标准化的操作也能够提升服务质量，让客户感受到专业和细致。

对于那些既难以量化又不易标准化的目标，我们则需要采用更为灵活的质化评估方法。这涉及从多个维度对目标进行综合考量，包括但不限于数量、质量、成本、时间以及上级或客户的满意度等。通过构建全面的评价体系，我们能够更加全面地反映目标的达成情况，确保目标管理的有效性和公正性。

3. A——实现性（Achievable）

不切实际或者遥不可及的目标，往往难以激发团队成员的内在动力和斗志。尽管某些"权威"提倡设立高门槛目标，秉持"志存高远，方得其中；目标中庸，仅得下乘；追求低下，终将一无所获"的理念，但这种做法实际上偏离了实效性的轨道。真正的目标设定，应当扎根于个人的渴望以及适度的挑战性之中，就如同人们愿意为了摘取触手可及的桃子而锻炼跳跃能力，却不会因为追逐遥在天际的星辰而白费力气。

目标管理绝不是空洞的梦想宣言，它要求我们在"仰望星空"的壮志豪情中融入"脚踏实地"的务实精神。梦想可以宏大，如梦想成为比尔·盖茨那样的行业巨头。但在制定具体目标时，如年度销售额的增长，就必须遵循现实逻辑，避免出现从500万突然跃升至500亿这种不切实际的情况。

那么，如何准确判断一个目标是否可达成且富有激励性呢？关键在于确保目标的制定过程有一个全员参与、上下贯通、左右协同的沟通机制。通过充分的讨论与达成共识，使设定的工作目标既符合组织的整体战略，又能激发每一位成员的潜能与热情，从而在组织与个人之间搭建起一座坚实的桥梁，确保目标既有挑战性又不失可行性。

4. R——相关性（Relevant）

在设定目标时，至关重要的是要确保它们与公司整体战略愿景以及个人岗位职责紧密相连，形成一张紧密交织的网络。目标应当精简且聚焦，每一个都应是对公司长远发展具有直接贡献的关键要素，紧密围绕着公司发展的核心大目标运转。

要避免目标设置过于分散或者偏离主线。那些与公司整体方向关联度不高的目标，即便实现了，也可能因为缺乏战略价值而失去意义。因此，明智的做法是将精力和资源集中投放在那些能够显著推动公司前进、与岗位职责高度契合的目标上。

通过这样的优化与聚焦，我们不仅能够确保目标的实现能够为公司带来实质性的好处，还能激发团队成员的归属感与使命感，因为他们清楚地知道自己的每一分努力都在为公司的宏伟蓝图添砖加瓦。

5. T——时限性（Time-bound）

缺乏明确时间限制的目标，无疑给考核工作设置了难以跨越的障碍，甚至可能导致考核过程中出现不公正的现象。明确的时间框架，例如，"在六个月内完成某任务"，为目标的衡量与评估提供了坚实的依据。这样的时间限制确保了考核的透明性与可操作性，使得每位成员都能清晰地认识到任务的紧迫性与重要性。

对于那些时间跨度较长、复杂程度较高的目标，更为精细的管理策略就显得尤为关键。此时，将大目标分解为一系列具体、可衡量的小目标，并设定相应的检查点进行定期评估，便成为一种既高效又必要的做法。通过这种方法，不仅能够确保大目标在正确的轨道上如期达成，还能为团队成员提供持续的激励与反馈，及时发现并纠正完成过程中的偏差，增强他们完成大目标的信心与动力。

第 5 章 设定目标，做好远期规划

做好目标分解，明确执行计划

当管理者面对一个长远目标时，可能会感觉它遥不可及，甚至令人心生畏惧。在这种情况下，目标分解就变得格外重要。通过把长期目标拆解为短期的、容易实现的小目标，管理者不仅能让目标看起来更具可行性，还能为团队成员提供清晰明确的行动指南。

每一个长远目标，都能够通过分解，转化为一系列的短期目标。这些短期目标不仅能让远大的愿景变得触手可及，还能为团队设定清晰的阶段性任务。这种逐步推进的方式，能够帮助团队成员更好地理解和消化宏大目标，增强他们的信心和动力。例如，企业的年度销售目标可以分解为季度、月度甚至每周的目标，这样就能让团队更便于管理和跟踪进展情况。

目标分解的关键在于，尽管我们将宏大目标拆分成了更小的任务，但这些任务必须始终围绕最终目标展开。管理者在这个过程中扮演着重要角色，他需要时刻保持全局视野，确保每个分解步骤都指向最终目标。例如，在一个新产品的开发项目中，每个阶段的目标——从市场调研、设计开发到测试和上线，都必须紧密围绕产品上市这一最终目标。

在管理工作中，目标分解和计划执行的明确是取得成功的关键。作为管理者，能够将宏大的目标拆分为具体的、可执行的步骤，并确保团队每个成员都理解并认同这些步骤，是提升团队效率、达成目标的关键所在。以下是做好目标分解和明确计划执行的具体方法：

1. 理解并清晰设定目标

目标设定是目标分解的第一步。在设定目标时，管理者需要确保目标是明确的（Specific）、可测量的（Measurable）、可实现的（Achievable）、相关的（Relevant），以及有时间限制的（Time-bound），即要符合SMART原则。例如，如果公司目标是增加市场份额，那么就需要明确增加多少市场份额、在什么时间内实现，并且这一目标要与公司的整体战略紧密相关。

（1）明确目标的优先级

当公司同时面临多个目标时，管理者需要依据战略需求、资源配置等因素来确定优先级。优先级的明确有助于管理者在目标分解过程中抓住重点，确保资源的高效利用。

（2）形成目标的可视化

将目标以图表、甘特图、时间轴等形式进行可视化呈现，不仅能帮助管理者更好地理解目标的各个方面，还能让团队成员更直观地看到目标的全貌以及各个阶段的要求。

2. 目标分解：从宏观到微观

目标分解是将宏大的公司目标逐层拆解，直至每个部门、每个团队、每个成员都能清晰地知晓自己的具体任务。

（1）分解为可操作的子目标

宏观目标通常需要分解为若干个子目标，每个子目标对应具体的业务部门或团队。例如，市场份额的增加可能需要分解为新客户获取、老客户维护、品牌推广等子目标。每个子目标都应该有明确的负责人、具体的指标和实现路径。

（2）分解为日常工作

每个子目标还可以分解为日常工作任务。这一步非常关键，因为只有将目标与日常工作相结合，团队成员才能将目标内化为日常行为。管理者应确保每个任务都清晰明了，并且有明确的完成标准和时间节点。

（3）建立联系与依赖关系

在分解目标时，管理者应当考虑各子目标之间的联系与依赖关系。这有助于确保各部门的工作协调一致，避免出现部门间的工作脱节或重复。

3. 明确执行计划：时间、资源与责任

在目标分解后，管理者需要制定具体的执行计划，明确每个阶段的任务分配、时间安排、资源配置以及责任归属。

（1）制定详细的时间表

一个良好的执行计划必须有一个详细的时间表。管理者需要根据目标的重要性和紧迫性，为每个任务设定合理的完成时间。同时，计划应具有一定的灵活性，以应对不确定性和突发事件。

（2）合理配置资源

资源的配置包括人力资源、财务资源、物资资源等。管理者需要根据任务的性质和难度合理分配资源，确保每个任务都有足够的支持；同时，还应考虑资源的备用方案，以应对计划中的变数。

（3）明确责任与沟通机制

明确责任是执行计划成功的关键。每个任务都应有一个明确的负责人，他不仅要对任务的完成情况负责，还需与其他相关部门保持良好的沟通与协作。管理者应建立有效的沟通机制，确保信息的及时传递与反馈。

4. 执行中的监控与反馈

目标的执行是一个动态过程，管理者需要在执行过程中进行持续的监控与反馈，以确保任务的顺利完成。

（1）设定 KPI 或 OKR

KPI（关键绩效指标）是衡量目标执行情况的重要工具。管理者应为每个任务设定具体的 KPI，并定期进行检查和评估。这些指标可以帮助管理者及时发现问题，并采取相应的改进措施。

OKR（目标与关键成果）是一种目标管理方法，它不仅强调目标的设定，还通过设定关键成果来衡量目标的达成情况。

与 KPI 相比，OKR 更加灵活，适用于创新型企业，或需要快速迭代的项目。关键成果不仅可以帮助团队评估当前的进度，还能推动团队不断向更高的目标迈进。例如，一家初创公司的目标是六个月内用户数量增长 50%。为此，团队可以设立几个关键成果：增加社交媒体曝光、提升注册转化率、降低用户流失率等。通过每月评估这些关键成果，团队能够及时了解目标的达成情况，并根据进展调整相应的策略。

（2）持续的反馈与调整

在目标的执行过程中，管理者应保持与团队的持续沟通，定期提供反馈。通过团队会议、进度报告等形式，管理者可以了解执行中的困难和瓶颈，并及时调整策略。必要时，可以对执行目标进行修正，以适应

第 5 章　设定目标，做好远期规划

新的情况和需求。

（3）激励与表彰

在执行过程中，管理者应关注团队成员的表现，并及时给予激励与表彰。通过肯定团队成员的努力与贡献，管理者可以提升团队士气，增强团队成员的责任感与参与感。

5. 总结与持续改进

目标达成后，管理者需要对整个目标分解与执行过程进行总结，找出成功的经验与不足之处，以便在未来的目标设定和执行中进行持续改进。

（1）总结经验与教训

通过回顾整个目标执行过程，管理者可以总结出哪些策略是有效的，哪些方面存在不足。经验总结有助于提升在未来的管理工作中目标分解与计划执行的能力。

（2）制定未来行动计划

根据总结的结果，管理者可以制定未来的行动计划，进一步优化目标分解与执行的流程。同时，管理者应关注行业趋势和外部环境的变化，不断调整管理策略，以保持竞争优势。

管理者在做好目标分解与明确计划执行时，需要具备全局视野和细节管理的能力。通过科学的目标分解和计划执行的制定与落实，管理者不仅可以提高团队的工作效率，还能有效地引导团队朝着公司战略目标迈进。这一过程需要管理者的持续关注与优化。结果可想而知，目标达成效果显著——目标得以顺利实现、企业收获成功，以及团队获得成长。

第6章

高效沟通
让团队成员效率翻倍

第6章　高效沟通让团队成员效率翻倍

沟通力就是影响力

事实上，我们无时无刻不在进行沟通。通过沟通，我们会对他人产生影响，同时也会受到他人的影响。沟通不仅仅是信息的传递，更是影响力的延展。对于管理者来说，沟通是其最强有力的工具，它能够直接决定管理者的领导效能。

沟通是管理的基石。无论是明确目标、分配任务，还是解决问题，沟通始终是管理过程中的核心环节。一个具备良好沟通能力的管理者，能够让团队成员理解公司的愿景和使命，并充分调动他们的积极性。而那些沟通不畅的管理者，往往会使团队感到困惑迷茫，工作效率也随之下降。

例如，某公司在推行一个新项目时，管理层没有有效地沟通项目的整体规划和目标，致使研发部和市场部在理解上出现了偏差。研发部认为应当追求创新，而市场部则希望尽快推出产品以占领市场。结果双方争执不休，项目进度一再拖延。这次沟通的失败，使整个项目组的士气受挫，导致项目最终延期交付。

管理影响力

沟通并不仅仅是"说话",它还是影响团队成员情绪、工作态度和执行力的重要手段。有效的沟通会带来一系列的积极效应,而这些效应最终会转化为企业的竞争力。

管理者若要与团队成员就某一问题达成一致意见,就必须先通过沟通交流思想。管理者不仅在想要了解团队成员的思想情绪时需要沟通,而且在想要了解团队成员工作中的问题时也需要沟通。沟通顺畅对于促进团结、作出正确决策、协调行动以及凝聚人心都非常重要。如果上下级之间缺乏沟通或者沟通不畅,相互之间就会产生误会,部门之间也会出现各自为政的局面。彼此朝着不同的方向用力,即便使出浑身解数,也无法推动企业前进。因此,具备良好的沟通能力是现代企业中管理者必须具备的主要素质之一。

有些管理者认为沟通就是说话,说话谁都会。这种理解是完全错误的。沟通不是一种本能,而是一种能力。没有人天生就具备沟通能力,即使那些天生口齿伶俐的人也并不意味着他们的沟通能力就十分出色。沟通是一个持续学习的过程,需要在工作实践中进行培养和训练。

在工作中,管理者是否发现团队成员有执行命令不到位的情况呢?尽管他们已经尽了最大的努力,但执行的结果却与管理者预想的相差甚远。原因就在于双方的沟通不到位。例如,向团队成员布置工作时,管理者自认为表述得很清楚,可团队成员却没有听明白;或者团队成员找管理者谈一些问题,但管理者偏偏自以为是,武断地认为自己听明白了团队成员的意思,提前打断他们的谈话,从而引起团队成员的不满和埋怨⋯⋯诸如此类的情况,无不表明管理者的沟通存在问题。

由于很多管理者都是从一线工人或技术专家晋升而来的,当他们担任领导职位时,非常有必要重新认识沟通的重要性,提升自己的沟通

第6章 高效沟通让团队成员效率翻倍

能力。

沟通障碍在组织管理中犹如暗礁,潜藏着多方面的挑战,具体体现在三个关键方面:

首先,管理者向下沟通不畅会导致组织决策与高层愿景难以迅速且准确地传达给团队成员。有的管理者仅仅充当信息的简单传递者,忽略了部门实际情况与团队成员需求的对接,使得团队成员对工作安排不清晰。还有的管理者在传达上级指示时,歪曲信息,欺上瞒下,加剧了上下级之间的隔阂与冲突。有力的沟通策略和渠道,是确保领导意图能够迅速且全面落实的关键。管理者作为这个链条的核心,如果传达不力,团队成员的执行必然会出现偏差。

其次,管理者向上沟通受阻,会阻碍基层声音和市场信息向高层的顺畅传递。团队成员的心声、市场的动态以及客户的反馈,是决策的基础,却常常因为管理者对"不和谐之音"的畏惧而被压制。这种独断专行、堵塞言路的行为,不仅会剥夺高层获取真实情况的机会,更可能让企业在错误的道路上越走越远,直至面临致命危机。

再者,平行沟通的缺失,容易导致部门之间各自为政,难以形成合力。在需要协同合作的时候,缺乏有效沟通与协调的部门管理者往往相互推诿,错失良机。这种内部摩擦不仅会削弱团队的整体效能,更可能在面对外界挑战时显得不堪一击。

由此可见,上述沟通障碍的核心在于管理者沟通能力的欠缺或沟通方式的不当。因此,"沟通"是通往成功路上必不可少的基石。如果管理者希望成为受人尊敬的领导,就需要投入更多的时间和精力,深入学习并实践高效沟通的技巧和方法,以打破沟通壁垒,构建开放、透明、协作的组织生态。

管理影响力

优秀的管理者更懂得倾听

在职场中,沟通是团队实现目标的重要手段,而倾听作为沟通的关键环节,却常常被人们所忽视。管理者若不懂得倾听,就很难真正地理解上级交代的工作,从而无法有条理地将工作安排下去;若不懂得倾听同级之间的意见,合作就会出现裂痕;若不懂得倾听团队成员的想法,就无法很好地接收团队成员回传的信息,自己与团队的行动便难以协调一致。

只有通过倾听,管理者才能了解对方的真实意图,也才能让对方真正接纳自己的意见。只有学会倾听,才能拉近自己与团队成员之间的距离。

美国汽车工业的先驱、福特汽车公司的创始人亨利·福特曾经说过:"倾听比诉说更加重要,因为真正的沟通是双向的。"这句话体现了倾听在沟通里的重要地位,指明有效的沟通需要双方都积极地参与进去,而绝不仅仅是单方面的诉说。

善于倾听者不仅需要带上自己的耳朵,更为重要的是要带上自己的大脑,需要具备超前的思维。千万不能把领导布置的任务当成是"走形式",而不加以任何的思考,或者不给出任何的建议。

第6章 高效沟通让团队成员效率翻倍

在传达领导命令的这个环节中,精准地捕捉并且准确地传达领导的意图是极其重要的。领导在布置任务的时候,通常都是言简意赅的,在这些简洁的指令背后,可能隐藏着深层次的考虑和期望。要是只是浅层次地理解,就匆忙行事,那么最终的工作成果很可能会偏离领导的本意,造成时间和资源的浪费。所以,这一过程要求我们以高度的责任心和敏锐的感知力去倾听,不仅要听领导说了什么,还要揣摩其没有说出来的意思。

在接收指令的时候,应该主动运用自己的判断力,结合当下的工作环境和实际情况,深入地思考领导的真正意图以及期望达成的目标。通过这样的深入思考,我们才能够确保传达的信息准确无误,执行的任务有明确的方向,从而最大程度地达到领导的要求,推动工作顺利地进行。

对于团队成员,同样需要用心去倾听。有些管理者在和团队成员沟通的时候,往往不等团队成员说完就摆手示意他们离开,或者只顾埋头处理自己的工作,这些肢体语言会让团队成员感觉上级对自己不尊重。因为在现实生活中,经常会有这样的情况:听者并不在意对方说的话,表面上在听,实际上却在思考其他不相干的事情,只是在敷衍地听,盼着对方赶紧说完,这样做只会让说话的人产生反感。因此,在和团队成员沟通的时候更要注意专心、专注,以免产生不必要的误会。

在职场的沟通中,无论是与上级沟通,还是与团队成员交流,倾听都起着至关重要的作用。它不仅是一种技巧,更是一种态度,能够极大地促进理解、信任与合作。以下几点策略将助力管理者成为更为卓越的倾听者:

1. 展现积极的倾听姿态

高效的倾听始于管理者的姿态与表情。保持眼神交流,面带微笑,身体前倾,这些细微的动作都在无声地向对方传达:"我很愿意听你说话。"避免任何可能分散注意力的行为,如看手机、表现出不耐烦的肢体语言,或频繁打断别人说话等,这些都可能让对方感到不被尊重。

2. 耐心倾听,鼓励表达

耐心是倾听的基础。克制急于表达自我的冲动,给予对方充足的时间和空间来表达自己的想法和感受。要记住,倾听的目的是理解而非反驳。通过点头、微笑或简短的肯定语句(如"继续说下去""我很感兴趣")来鼓励对方,让他们感受到被重视和支持。

3. 及时反馈,增进互动

在倾听的过程中,适时地给予反馈,让对方知道管理者正在认真倾听并且理解了他们的话。这不仅是对对方的尊重,还能激发他们进一步分享的热情。使用鼓励性的语言,如"我明白了""这很有趣",或是请求对方"详细说说",都能有效推动对话的深入。

4. 记录要点,捕捉价值

养成记录的习惯,将对方谈话中的关键点、新颖观点或有益建议记录下来。这有助于管理者后续整理思路,也可能从中发现新的灵感或解决方案。对于与上司和团队成员的沟通,这一步骤都同样关键。

5. 深入分析,理解言外之意

倾听不仅仅是听取表面的话语,更重要的是理解其背后的含义和情绪。尝试将对方的话与自己的经验和知识相结合,分析其中的言外之意和潜在动机。在与上司沟通时,这一点尤为重要,因为上司的话语往往蕴含着更深刻的意义。

6. 多听少言,审慎判断

在倾听别人说话时,要保持谦逊和开放的心态,多听少说。即使管理者有不同的观点或看法，也应在对方充分表达自己的观点后再提出。不要过早地下结论或者打断对方，因为这样做可能会限制对方的表达，并且损害彼此之间的信任。优秀的倾听者总是能够站在对方的角度去理解对方，进而作出更加准确和公正的判断。

通过周例会提升管理效能

周例会作为落实目标管理的重要途径之一，其作用不可小觑。它既为团队提供了汇报工作进度的平台，又能在会议期间解决实际问题、规划未来计划，同时还能激励团队成员始终保持高昂的士气。为了确保会议能够取得预期效果，管理者可以从以下几个方面入手：

首先，周例会的时长通常在十分钟到一小时之间，简明高效是其关键要点。在会议召开之前，进行充分的准备工作至关重要。所有必需的材料和文件，如上周的会议纪要、工作报表等，都需要提前整理齐全，以防止在会议过程中出现混乱查找资料的情况。充分的准备工作不仅能够提升会议的效率，还有助于营造良好的会议氛围，避免时间的浪费。

会议内容应围绕四个主要议题逐步展开:

1. 任务进度跟进

首先,会议需要通报团队整体的业务进展情况,然后逐个审查每位成员的任务完成情况。是否按照计划完成了上周的任务?如果没有完成,主要的阻碍因素是什么?

参会人员需要携带记录了上周任务的笔记本,其中的内容包括拜访客户、整理项目资料、催收款项等具体任务。管理者依据会议纪要逐项进行核查,确保每个人的任务都得到了有效的跟进。正如 IBM 前总裁郭士纳所说:"团队成员不会按照管理者期望的去做,但会按照管理者检查的去做。"定期检查能促使团队成员更加重视工作进度,避免出现懈怠。

2. 问题诊断与讨论

管理者应当主动询问团队成员在工作中是否遇到困难或者存在业务疑问,鼓励他们将问题摆到桌面上,大家集思广益,探讨解决方案。

这种"会诊"方式不仅能够迅速解决问题,还为其他团队成员提供了学习的机会,让他们了解如何应对类似的情况。更为重要的是,这种集体讨论有助于增进团队之间的信任与合作。如果时间不够充裕,管理者也可以另行安排单独讨论的时间,深入剖析问题。

当团队成员意识到例会不仅是汇报任务的机会,还能够有效解决难题时,他们对例会的参与度和积极性都会大幅提高。

3. 制定本周计划

在例会上,管理者需要明确每位团队成员本周的目标是什么?需要完成哪些任务?各项工作如何安排时间节点?

清晰的任务列表和明确的时间安排,有助于团队成员合理分配精力，提高工作效率，避免出现"忙碌却无序"的状态。此外，每位团队成员需将这些目标和任务记录在笔记本上，管理者也可以随时进行检查，确保对整体进展情况了如指掌。

4. 激励与鼓舞士气

成功往往源于持续的激情，而例会是提升团队热情的重要时刻。周例会是启动新一周工作的"发令枪"，也是鼓舞士气的良好契机。团队只有在激情的推动下，才能将自身的能力和资源发挥到极致，创造出更高的业绩。缺乏激情，即使能力再强，结果也可能不尽如人意。

因此，在周例会上，管理者应避免给团队成员"泼冷水"，不能让团队成员产生挫败感或消极情绪。开会时，如果让团队成员感受到过多的压力或失望，这种负面情绪可能会蔓延至整个工作周，甚至影响团队的整体氛围。从长期来看，团队成员可能会对例会产生抵触心理，丧失工作的动力。

通过高效管理周例会，不仅能够让团队保持良好的工作节奏，还能帮助管理者更好地监督、引导和激励团队成员，为企业目标的实现奠定坚实的基础。

命令让人屈服，说服让人心悦诚服

在日常的管理事务中，管理者与团队成员进行沟通时通常会采用两种主要方式：命令和说服。命令是一种具有强烈强制性且带有权威性的方式，它径直要求团队成员去执行特定的任务，几乎没有留下任何商量的空间。而说服则是一种相对更为温和的方式，它是通过沟通与引导，使得团队成员心悦诚服地按照计划去行动。

正如约翰·肯尼迪在其美国总统任职演讲中所提及的："礼貌并不标志虚弱，诚挚总要经受考验。永远不要因为惧怕而说服，但永远也不要惧怕说服。"这段话深刻地强调了说服的重要性以及其所蕴含的力量。在管理领域中，说服不仅是一种技巧，更是管理能力的核心体现。

随着社会和职场文化的持续发展与进步，"禁止吸烟"这样的标语在很多地方已经被"无烟环境"（如无烟公园）所替代。前者是一种命令式的表述，直截了当地禁止某种行为，而后者则更为温和，传达出的是一种鼓励而非强制的信息。管理中的命令和说服也有着类似的对比，命令往往带有一定的强迫性，而说服则能够促使人们心甘情愿地予以接受。

第6章 高效沟通让团队成员效率翻倍

曾经有一位来自名牌大学的新团队成员，刚入职不久就担任公司的测试工程师。然而，试用期还未结束，他就向主管提出了转岗申请，认为自己的才能被浪费了，要求调任为软件开发工程师。主管心里很明白，这名新团队成员当前的能力暂时还不足以胜任开发岗位，若直接拒绝显然不是明智的做法。

如果采用命令的方式，比如说："公司已经决定了，你必须服从安排。"这种直接而生硬的态度极有可能引发这位团队成员的不满，甚至导致他离职。于是，主管决定采用说服的方式来解决问题。主管首先向他解释道，测试工程师并不比开发工程师的地位低。通过具体的数据，主管告诉他，在美国，测试工程师和开发工程师的比例是 7∶3，以此表明测试工程师在软件开发中的重要性。紧接着，主管进一步引导他认识到，作为测试工程师，可以积累对软件 Bug（程序故障）的深入理解，这对于未来从事开发工作将大有帮助。

最终，这位新团队成员不仅接受了现有的岗位安排，还愉快地投入到了工作中。正如主管所预测的那样，凭借在测试岗位上的出色表现，一年后他顺利转岗成为了开发工程师，并且不久后晋升为项目经理。

这个成功的案例表明，通过理解和引导，而非简单的命令，管理者能够让每一位团队成员从内心认同公司的安排，进而激发其工作积极性。

需要指出的是，命令与说服并非完全对立的两种方式。许多管理者为了追求快速见效，常常忽视说服的力量，直接采用命令的方式来推动工作。这种方式虽然可以使团队成员在短期内被动服从，但往往效果不佳，甚至会引发反感和消极怠工。命令只能迫使团队成员完成工作，而说服则能让他们真正理解任务的意义，主动地开展创造性的工作。

聪明的管理者懂得将两者巧妙地结合使用。在某些情况下，命令不可避免，但通过合理的说服，能够让团队成员更加愿意承担责任，充分发挥他们的主观能动性，从而提升其工作效率。

在实际的管理工作中，如何有效地说服团队成员，是每个管理者都需要掌握的关键技能。以下三大原则是提高说服力的核心要点：

1. 互惠互利，双赢至上

在说服团队成员时，不要只强调集体利益或公司的需求。团队成员在工作中不仅追求完成任务，更期望从工作中获得个人成长和回报。因此，管理者在沟通时，应当兼顾团队成员的个人利益，帮助他们看到完成任务对自身发展的好处。

集体利益和个人成长并非相互矛盾，实现双赢才是最佳的选择。

2. 是非曲直，对比判断

很多时候，团队成员难以看清问题的全貌，容易被眼前的困难和情感所左右。此时，管理者需要发挥自己的经验优势，帮助团队成员以更广阔的视角看待问题，将利弊分析透彻。通过对比和分析，团队成员自然会作出对自己有利的选择。

管理者的职责不仅是指引方向，更在于帮助团队成员看清前方的障碍和机遇。

3. 进退有度，从容不迫

说服并非一蹴而就的过程。当遇到阻力时，管理者需要保持耐心，不能急于求成。不断的争辩不仅难以达成共识，反而会引发对方的对立情绪。聪明的管理者会暂时避其锋芒，给团队成员一些时间去消化和反思，等待时机成熟后再进行下一步的沟通。

说服的智慧在于进退有度，强硬的争辩远不如耐心等待。

第6章　高效沟通让团队成员效率翻倍

一则小故事，胜过十个大道理

有些管理者可能会以为，讲故事只是哄孩子入睡的工具，但事实并非如此。事实上，那些世界上最成功的公司管理者都擅长讲故事，并且可以利用这个技巧来激发团队的创造力，传达企业文化理念，甚至推动企业的变革。

像乔布斯、马云、俞敏洪这些商业领袖，都以讲故事著称。乔布斯在斯坦福大学的著名演讲中，只用了三个简单的故事，就触动了无数人的心灵。马云则常常自嘲小时候"矮、穷、挫"，俞敏洪也时常讲述自己作为"北大最不可能成功的学生"的奋斗历程。正是这些真实而生动的故事，让他们赢得了听众的信任与共鸣。

斯蒂芬·丹宁作为全球最具影响力的管理大师之一，曾说过这样一句话："讲故事能够激发行动、展示自我、传播价值观、鼓励协作、消除谣言、分享知识和勾画未来。"他认为，讲故事是提升管理能力的关键方法之一。越来越多的企业管理者认同这一点，通过讲述吸引人心的小故事，而非灌输大道理，来激励团队，传递信息。

相比于枯燥的命令或理论化的说教，讲故事能够迅速建立起情感上的联系，让听众放下戒心，沉浸在故事的情节中。在这种轻松的氛围中，思想和理念更加容易被接受和内化。张瑞敏曾经提到，推广某个理念时，讲故事可能是一种更有效的方式。彼得·古博在《会讲才会赢》中也提到："数据、表格或幻灯片不会激发人们行动，触动人们的是情感，而讲故事正是激发情感的最佳方式。"

当管理者在诠释公司文化、解决问题、推动变革或制定策略时，通过一个生动的故事来传递信息，往往比直接说教或罗列数据更加有效。

美国密歇根商学院教授诺尔·迪奇将企业管理者常用的故事类型归纳为三类："我是谁""我们是谁""我们向何处去"。这些类型的故事可以帮助管理者建立自我形象，凝聚团队力量，激发行动热情。

1. 我是谁：通过个人故事建立信任

讲述个人经历，可以让管理者与团队成员建立心灵上的共鸣。这样的故事不仅可以展示管理者真实的一面，还能激发团队成员的积极性，让他们从中获得启发。通过分享个人成长经历，管理者可以让团队成员更好地了解自己，从而建立更深层次的信任。

新东方创始人俞敏洪时常讲述自己的童年经历。他小时候个头小，常被人欺负。但通过分享六姨给的小水果糖，他学会了团结朋友。这个小故事展现了他的管理能力在小时候是如何开始萌生的，也体现了在新东方公司内部共享利益、团结一致的重要性。通过这样的故事，团队成员不仅将俞敏洪视为上司，还把他当作一个值得信赖的朋友。

2. 我们是谁：通过团队故事增强凝聚力

每一个伟大的企业都有自己的故事。讲述企业的历史、创办者的经历，或是团队曾经的奋斗故事，能够增强团队成员的归属感和团队精神。当团队成员理解"我们是谁"时，他们更愿意为团队的目标而奋斗。

惠普公司在成立50周年之际，收集了100多个企业故事，其中流传最广的一个故事是《惠利特与门》。公司创办人之一惠利特发现储藏室的门被锁后，撬开了锁并留下一张便条，上面写着"此门永远不再上锁"。这个故事告知团队成员：信任是公司文化的核心。通过这类故事，惠普不仅传递了企业的价值观，还增强了团队的凝聚力。

3. 我们向何处去：通过勾画未来激发热情

通过描绘美好未来的蓝图，管理者能够激发团队成员为实现共同的梦想而拼搏。这类故事能让团队成员看到公司未来的发展方向，以及他们自己在其中所扮演的关键角色。

福特汽车创始人亨利·福特时常讲述自己帮助一位车主修理汽车的故事。车主看到亨利·福特的座驾是福特车，便认为他和自己一样并不富裕。福特并未动怒，反而借助这个故事来传递自己的梦想："让每个人都买得起汽车。"通过讲述这样的愿景故事，福特成功地激励了众多团队成员和客户。

要想成为一名善于讲故事的管理者，以下三个步骤能够助力管理者提升讲故事的能力：

1. 充实自身的"故事库"

正如熟读唐诗三百首，即便不会写诗也能吟诗作对一样，讲故事同样需要积累。管理者可通过阅读大量故事、案例以及历史知识，以便在需要时能够信手拈来。熟知经典故事不仅有益于提升个人阅历，还能帮助管理者在不同场合应对各种情境。

2. 思想契合理念

一个成功的故事不但要生动有趣，还需与公司的理念相契合。在企业管理中，讲故事的目的在于引导团队成员的行为或者传递特定的价值观。所以，故事的主题和内容必须与管理者期望传达的思想一致，这样才能取得最佳效果。

3. 使故事生动有趣

讲故事不光要内容丰富，表达的方式也极为重要。一段平淡乏味的叙述，或许会令听众丧失兴趣；而生动的语言、恰如其分的悬念设置，则能让故事富有吸引力。通过语言、表情以及肢体动作，讲故事的人能够将情节、人物鲜活地呈现在听众眼前，真正触动人心。

第7章
人尽其才,打造高效能团队

第 7 章 人尽其才，打造高效能团队

人才多样化，实现优势互补

在现代企业管理中，团队多样性不仅是推动创新的重要因素，更是提升企业竞争力的关键。这种多样性涵盖了成员在背景、技能和经验上的不同，为团队带来更广泛的视角和独特的创新能力。就像一支交响乐团，不同的乐器共同演奏，能够创造出和谐而丰富的音效。

影游综合体互联网娱乐企业完美世界的副总裁林葱郁曾说过："作为内容型公司，我们需要形形色色的人才，例如，有美术基础的工程师、有数学特长的数值策划等，许多优秀的制片人原本学习的专业可能是经济、土木或者广告。我们也需要影视行业的人才加入到游戏行业中来。有不同创意和知识背景的人才叠加在一起，就会创造出一个积极的环境，带动大家用不同领域的新思路解决问题。"

这种多样性不仅能够让团队从多个角度看待问题，还能更敏锐地识别市场变化并提出创新解决方案。例如，谷歌通过组建来自不同文化背景的团队，在产品开发和市场推广中取得了巨大成功。多样性战略已经成为推动其持续创新的核心要素之一。多样化的团队可以帮助企业在复

管理影响力

杂多变的市场环境中获得优势，使其在竞争中脱颖而出。

当然，多样化的团队带来好处，也带来挑战。文化冲突、沟通障碍和决策困难是多样化团队中常见的问题。为了将这些挑战转化为发展动力，管理者需要采取有效的策略，必须积极构建和管理多样化团队。

构建一个多样化团队不仅仅是通过引入不同背景的成员，更需要有针对性地制定招聘和团队配置策略。管理者在招聘时，不能只选择与现有团队背景相似的候选人，而是要主动寻找能够带来新视角的人才。为了实现这一点，管理者可以通过多元化招聘渠道，如与不同社区组织合作、参加多样性招聘会等，吸引多样化的候选人。通过招聘多元化的人才，并有效应对人才多样性带来的挑战，企业能够提升创新能力，并在竞争中保持领先地位。

要成功打造多样化团队，管理者不仅要关注如何吸引和招募多样化的团队成员，还必须清楚如何将人才多样性转化为实际竞争力，确保人才多样性在实际工作中充分发挥作用。因此，管理者在分配项目时，应有意识地指导不同背景和技能的成员相互协作，激发他们的创造力，提高他们解决问题的能力。

苹果公司就是一个成功的例子。他们通过跨学科团队合作，不仅在技术上不断创新，还能在设计上满足不同用户的需求，从而在市场中获得领先地位。

管理者可以通过制定明确的沟通策略、提供跨文化培训、建立包容性文化来有效应对人才多样性带来的挑战，并将其转化为企业的核心竞争力。

其中，建立开放的沟通渠道至关重要。这种开放的沟通渠道，可以确保团队所有成员都有机会表达自己的意见，并能够及时获取关键信

第 7 章　人尽其才，打造高效能团队

息。通过定期的团队会议和一对一交流，管理者能及时了解团队的需求，避免因信息不对称而引发误解。

与此同时，跨文化培训也是解决文化冲突的有效方法。通过培训，团队成员能够理解并尊重不同文化的差异，进而提升协作效率和相互信任。培训能够帮助成员意识到不同文化背景下的沟通风格和决策偏好，减少误解，提高整体的创新能力。例如，在一些文化中，直言不讳可能被视为坦诚，而在另一些文化中，则可能被认为是冒犯。通过培训，这些文化差异可以被识别和理解，避免无意中的冲突。

制定清晰的决策流程也是确保团队高效运作的关键。透明的决策过程可以提高团队成员对决策的接受度，减少异议。确保所有观点都被充分表达和听取，有助于团队利用多样化的思维作出更有创造力的决策。明确的决策和责任分配还能提升工作效率，确保团队在关键时刻作出快速反应。

结合跨文化培训与清晰的决策流程，管理者可以显著提升多样化团队的工作效果。例如，通过培训，团队成员能够更好地理解不同文化背景下的决策期望，而透明的决策流程则确保所有成员的意见都被充分考虑，从而作出更具创新性的决策。

包容的思维同样重要，管理者需要鼓励团队在面对差异时采取包容态度，积极寻求理解与共识。这种包容性不仅能提高团队凝聚力，还能增强团队的协作精神。联合利华通过全球多样性和包容性战略，成功将来自不同文化背景的团队整合在一起。在应对文化冲突时，他们通过跨文化交流和定期反馈，帮助团队成员相互理解，并提出更具创造力的解决方案。

总结来说，人才多样性已经成为现代企业成功的核心要素。管理者

在构建多样化团队时，不能只停留在表面的多样性，还要制定相应的策略，将人才的多样性转化为企业的竞争优势。

为了让多样的团队发挥出更大价值，管理者可以考虑以下几个实用的管理方法：

1. 游戏化团队合作

引入游戏元素来增强多样化团队的协作。通过模拟挑战或虚拟任务，团队成员可以在一个非正式环境中学习如何更好地理解和利用彼此的差异。这不仅能提升协作效率，还能增强团队的凝聚力。

2. 创建"创新实验室"

设立一个虚拟或实体的"创新实验室"，专门供多样化团队成员进行跨部门或跨领域的合作。这个实验室鼓励自由思考和大胆尝试，为企业解决棘手问题提供新鲜的思路和解决方案。

发挥团队成员长处，深谙用人之道

只有善于挖掘和利用团队成员的特长，才能最大化地发挥其价值。正如古语所言：尺有所短，寸有所长。在当今职场中，分工越来越细，唯有将合适的人放在最合适的位置，才能让他们的潜能得到充分发掘和

第 7 章 人尽其才，打造高效能团队

施展。对于管理者来说，不仅要有识人的慧眼，还要懂得因材施用。

2021年，詹总曾在一家企业的培训部门工作，负责培养一批内部讲师。这些年轻人将在为期三个月的集训后，分组奔赴全国各地，对各个分公司的家电促销人员进行培训。当时，企业培训经理采取的是全面培训方式，要求每位培训师从课题设计、课程开发到演讲呈现，都能独立完成。

然而，经过几次试讲，詹总发现这些未来的讲师各有长短。例如，一个叫小静的女讲师，她语言风趣，表情丰富，擅长互动，但常常偏离主题；而另一个男讲师小刚，尽管培训不会跑题，但他过于呆板，只会一板一眼地列出要点，缺乏互动，整场培训显得枯燥无味。

培训经理原本打算淘汰这些"不合格"的人，特别是像小静和小刚这样表现出明显缺点的讲师。然而，詹总建议他重新审视这些讲师的优点。因为小刚的逻辑清晰，善于整理材料，而小静则在演讲上极具天赋，于是，詹总建议将小刚开发的课程交由小静进行生动的演讲，两者取长补短，形成一个完整的讲师团队。结果证明，这样的组合效果非常显著。

"骏马能历险，力田不如牛。坚车能载重，渡河不如舟。"不同的人有不同的优点和缺点，作为管理者，更需要看到团队成员的长处。有时，那些才华出众者的缺点反而更明显，就像高山伴随着深谷一样。因此，不要因为一个人的缺点而忽略他的潜力，反而要善于发掘并运用他们的长处。

如何识别团队成员的特长并加以利用，是管理者的一大挑战。古代的伯乐善于相马，但即便如此，他也会有看走眼的时候。曾国藩在其著作《冰鉴》中谈到识人的艺术，即便他眼光敏锐，也曾被骗过。例如，

管理影响力

有一次曾国藩遇到一位衣冠古朴、谈吐不凡的"人才",因此将重任托付于他。结果,这位"人才"携巨款而逃,令曾国藩悔不当初。

这则故事告诉我们,即便是识人高手,也难免有误判。因此,现代企业管理应更加注重人才选拔机制的建立,而不仅仅依赖个人的识人能力。相较于依赖管理者的个人判断,建立一个公开、公平、公正的"赛马"机制,更能让团队成员发挥出他们的最大潜力。

海尔集团的张瑞敏曾提到,"相马"不如"赛马",他认为与其依靠领导的主观印象提拔人才,不如为每个团队成员创造平等竞争的机会,让他们凭实力脱颖而出。

张瑞敏提倡的"赛马"机制,旨在通过公开的规则和公平的竞赛环境,让每个团队成员的表现决定其未来发展。这种机制不仅避免了用人上的主观偏差,也为每个人提供了展现自我价值的平台,激发了团队成员的内在动力。

要构建有效的赛马机制,管理者可以从以下几个方面入手:

1. 建立牵引机制

需凭借清晰明确的目标导向,着力营造一种能够促使团队成员自觉主动、满怀激情且积极向上的企业文化氛围。通过积极塑造良好的内部环境和引导力量,将这种积极影响巧妙地转化为团队成员内心深处的驱动力,从而进一步增强整体的工作效能。

2. 建立激励机制

精心规划科学合理的薪酬体系,将高绩效与高回报紧密地关联在一起,以此推动团队成员积极进行自我激励,不断提高工作表现。具体而言,通过合理设置薪酬结构,使绩效奖金、提成等与工作成果直接挂钩,让团队成员切实感受到努力工作所带来的丰厚回报。同时,不仅局限于物质奖励,还要注重非物质奖励的运用,如荣誉称号、晋升机会、公开表扬等,形成对团队成员全方位的正向激励作用。例如,设立"月度之星""年度优秀员工"等荣誉称号,给予获奖者在公司内部展示的机会和一定的特权,激发团队成员的荣誉感和竞争意识,促使他们在工作中不断挑战自我,追求更高的工作绩效,从而为企业创造更大的价值。

3. 建立竞岗机制

对于经营管理岗位要坚决实施竞争上岗制度,确保所有团队成员都能拥有公平竞争的机会,依据实际业绩决定岗位的去留,真正切实地做到能者上、庸者下。例如,公开岗位要求和选拔流程,让所有符合条件的团队成员都有平等的机会参与竞争;建立科学的考核评价体系,全面、客观地评估候选人的能力和业绩,避免主观因素的干扰。

对于在竞争中胜出的团队成员,要给予充分的支持和信任,为其提供良好的发展空间和资源;对于未能竞岗成功的成员,要提供反馈和指导,帮助他们提升自身能力,鼓励他们在未来的竞争中再接再厉。

管理影响力

巧挖团队成员潜力，提升技能水平

一座冰山，其大部分都潜藏在水面之下，尚未被发掘。人的潜力也是如此，潜在的能力往往远超实际发挥的水平。英国著名组织理论专家里扬的研究表明：人们的潜在能力常常被授权和机会限制，无法得到充分发挥。这对企业和个人来说，都是极大的浪费。

如何有效激发团队成员潜力，联想创始人柳传志常用的一个方法是"小马拉大车"，即给团队成员施加超出其当前能力范围的责任，从而促使他们突破自我、实现更大的成长。这种方法虽然挑战了传统的"量才适用"理念，但在实践中收到了显著的效果。

1. 超越舒适区，激发潜力

每个人都有一个"舒适区"，这是指他们在现有能力范围内能够游刃有余地处理任务的区域。然而，要激发团队成员的潜力，就需要推动他们走出舒适区，面对超出他们现有能力的挑战。例如，一个能够轻松完成 500 米游泳的人，在舒适区内感到轻松自在，但如果要求他去挑战横渡大江，他可能会感到压力。然而，这正是他潜力的突破点。在经历

第7章 人尽其才，打造高效能团队

了几次挑战之后，他会逐渐掌握横渡的技巧，从而扩大自己的舒适区和能力范围。

正如柳传志所倡导的"小马拉大车"理论，在适当的压力和支持下，团队成员能够打破现有的能力边界，实现自我突破。多年前，27岁的杨元庆被任命为联想CAD部门的总经理，部门的业务主要是代理惠普公司的产品。在两年多的时间内，他带领整个团队将部门销售额从5000万提升至1.8亿，显示了"超负荷任务"带来的潜力激发效应。事实证明，这样的策略不仅提升了个人能力，也为企业带来了巨大的发展机会。

然而，重要的是，管理者需要施加适当的压力。如果压力过大或持续时间过长，可能会导致团队成员产生焦虑，甚至出现心理问题。适当的挑战和压力是推动成长的动力，但过度的负担则可能适得其反。

因此，在推动团队成员突破舒适区的同时，管理者应注重在挑战与支持之间找到平衡，敏锐地察觉团队成员的状态和需求，在推动他们突破舒适区时，合理地安排具有一定挑战性的工作，激发他们的潜力和创造力，同时也要给予他们充分的资源支持、技术指导和心理关怀等，帮助他们更好地应对挑战。

2. 以竞赛为抓手，营造竞争氛围

竞赛是一种非常有效的成长手段，可以激发团队成员的潜力。在学校里，各类学术竞赛能提升学生的学习兴趣，挖掘他们的内在潜力。同样，在企业内部，技能竞赛也能激发团队成员在工作中的动力和热情。竞赛不仅可以提高团队成员的工作能力，还能激发他们的创新能力。

例如，东风商用车车架厂通过持续三年的劳动竞赛，将产品质量的工程不良率从2010年的26%降低到2013年的1.88%。这不仅是一种技术上的进步，更是团队成员通过竞赛不断自我提升的结果。竞赛能够激发团队的竞争意识，让团队成员主动自发地提升自己的技能和效率，从而实现团队整体的进步。

为了让竞赛能够更好地发挥作用，企业可以从以下三个方面着手：

（1）扩大竞赛参与面

竞赛的目的是挖掘全体团队成员的潜力，因此必须广泛发动，鼓励全员参与。通过定期通报竞赛进展和表彰先进，营造出"比、学、赶、超、帮"的氛围，激发团队成员参与的积极性。

（2）丰富竞赛形式

技能竞赛可以与岗位练兵、质量提升等多项工作相结合，贯穿于日常工作的各个环节。根据企业的实际生产经营进度、安全、质量、成本等指标，设计出灵活多样的竞赛形式，确保每次竞赛都有新意和实效。

（3）突出关键领域竞赛

竞赛可以针对企业的关键生产经营环节，结合长期竞赛与阶段性竞赛，确保竞赛的活力持续不断地发挥作用。通过这样的竞赛模式，企业不仅可以提升团队成员的工作水平，还能不断改进创新管理方法和工作流程。

3. 提供持续的晋升机会，激发长期动力

很多团队成员在刚进入一家新公司时，往往充满激情，努力学习业务，提升自己的工作能力。然而，随着时间的推移，待熟悉了工作流程后，往往会失去原有的上进心。如果没有新的挑战或晋升机会，他们的工作动力就会逐渐消退。

因此，企业必须为团队成员提供明确的晋升路径和持续发展的机会。但是，许多企业的晋升机制存在问题，过于单一的晋升通道让很多

第 7 章　人尽其才，打造高效能团队

技术型人才只能走管理岗位的道路，这不仅浪费了他们的专业技能，也容易引发管理上的难题。为防止此类问题出现，企业应当构建双重晋升通道：管理型人才沿着管理晋升路线发展，技术型人才则沿着技术晋升路线前行。华为的双通道晋升机制给每位团队成员都提供了充足的选择空间和成长契机，使他们能够在各自擅长的领域获取发展和晋升的机会。

另外，企业的晋升标准应当透明且规范。唯有建立起严格的晋升考核机制，才能够确保晋升的公正性，避免团队成员因晋升不公平而失去工作热情。一套完备的晋升体系不仅能够提升团队成员的忠诚度，还可以为企业持续不断地输送优秀人才。

4.区分能力与潜力，精准挖掘团队成员潜力

许多管理者常常容易把团队成员的当前能力和潜力相混淆，觉得能力高的团队成员必然具有高潜力，而能力低的团队成员则潜力不大。事实上，能力和潜力并非总是直接关联的。能力指的是团队成员在当前职务上所呈现出来的表现，而潜力则是指他们在未来承担更高职责或者面对更大挑战时所具备的可能性。

例如，有一个团队成员在执行层面工作时表现突出，但在管理岗位上却难以胜任，这并不意味着他没有潜力，而是他的潜力或许在其他方面。再例如，有一位财务助理，尽管在日常的财务工作中表现一般，然而她在数据分析以及报告撰写方面却表现优异，后来被调到市场分析岗位后，成绩斐然，展现出了很强的实力。

因此，为了能够更加出色地挖掘团队成员的潜力，管理者必须要清晰且准确地识别团队成员在当前现有工作中所展现出的特殊能力。这需要管理者进行细致的观察和深入的了解，不仅看到表面的工作成果，还

管理影响力

要洞察成员在工作过程中所运用的独特技能、思维方式以及解决问题的能力等方面。

并且,管理者要紧密结合企业自身的岗位需求来为团队成员设计适宜的职业发展路径。企业的岗位需求是多样化的,涵盖了不同的专业领域、技能要求和职责范围。管理者需要对企业的整体战略规划、业务发展方向以及各个岗位的特点和未来发展趋势有清晰的认识。

通过这样一种精心构建的匹配体系,企业就能够最大程度地发挥团队成员的潜力。让每个成员都能在适合自己的岗位和发展路径上充分施展才华,在实现个人价值的同时,也为企业创造更大的效益。同时,这种方式也能够很好地满足企业的长期发展需求。企业的长期发展依赖于稳定且高效的团队,当团队成员的潜力得到充分挖掘和合理运用时,企业就能在市场竞争中具备更强的竞争力,不断创新和进步,实现可持续发展的目标。

通过将这些策略和方法融入日常管理中,企业不仅能够提升团队成员的个人能力,还能打造一个充满活力和创新力的团队。最终,企业和团队成员都将从中受益,实现共同成长与发展。

第 7 章　人尽其才，打造高效能团队

探知企图心，引爆团队成员内驱力

作为一位有远见的管理者，应当深刻认识到，激励措施并非一刀切的解决方案，其效果因人而异。有的激励措施能点燃部分团队成员的热情，而对另一些团队成员则可能如石沉大海，波澜不惊。因此，精准探知每位团队成员的企图心，进而实施定制化的激励方法去引爆其内驱力，是激发团队整体潜能、促进高效协作的关键所在。

企图心，指的是个人强烈渴望或追求某种目标的内在动力。具体到职场，就是他在职场的首要需求是什么。归纳起来，人在职场有五大需求：发展、薪酬、成就感、快乐、稳定。不同的出身、现状、个性，会导致团队成员的追求有所不同。

管理者可以要求团队成员将以上五大需求，按照重要性分别从 1 到 5 排出顺序（1 表示最看重，依此类推），以此考查团队成员的"职场价值观"。对于新进团队成员，在面试时就可以把这个工作给做了。如果管理者觉得这个方法太正式，团队成员的回答不见得真实，那么可以采取一对一沟通的方式，从侧面了解"发展、薪酬、成就感、快乐、稳定"在他内心的分量,再结合平时的观察,就可以制作出该团队成员的职场价值观图谱。然后,再有针对性地描绘出一条达成路径,将他们的企图心与组织需求结合在一起,就能引爆团队成员的内驱力,打造出一支战斗力超强的团队。

需要提醒的是,职场价值观并没有正确与错误之分,亦无高下之别。

1. 注重"发展"的团队成员

那些首选"发展"的团队成员,通常具备强大的学习能力,喜欢独立思考和解决问题,尤其对新事物充满好奇和热情。他们追求的是工作中的成就感,愿意在具有挑战性和创造性的工作中不断成长,往往对企业愿景与个人目标的结合有极大的需求。

管理者应关注这类团队成员的长远发展,提供足够的机会让他们参与具有挑战性的项目,并给予他们充分的空间去创新和探索。此外,提供学习和发展机会也是必不可少的,使他们能够不断扩展自己的视野和技能。如此,才能激发他们的内驱力。

2. 注重"薪酬"的团队成员

那些将"薪酬"放在首位的团队成员,更倾向于实际的物质回报。他们目标明确,工作稳健,通常以结果为导向,追求短期的业绩成果。这类团队成员的需求主要集中在物质激励上,通过将目标与绩效密切关联,管理者可以为他们设定清晰的短期任务,并明确他们的付出与薪酬之间的关系。

这种实用主义的团队成员往往能在工作中表现出色,贡献超出平均水平。尽管他们可能不追求跨越式的发展,但踏实和稳定往往使他们成为团队的中坚力量。对于这类团队成员,管理者要引导他们在岗位上稳步发展,同时通过具有吸引力的薪酬,激励他们为了高薪往前冲。

3. 注重"成就感"的团队成员

那些追求"成就感"的团队成员,他们通常对自己的能力充满信心,敢于独立承担任务,并拥有雄心壮志。这类团队成员喜欢在工作中提出意见和建议,并且希望通过被认可和采纳获得成就感。他们希望能够脱颖而出,渴望权力和影响力,因此管理者应特别关注他们的成长需求。

这种团队成员是企业的宝贵资源,具有极大的发展潜力。管理者可以通过赋予他们更多的责任,甚至让他们承担带队任务,来帮助他们发展管理能力和管理才能。与此同时,制定管理制度时也应多听取他们的意见,因为他们的反馈通常非常中肯且富有建设性。及时为他们提供荣誉和认可,能够大大激励他们继续追求卓越。

4. 注重"快乐"的团队成员

将"快乐"作为首要追求的团队成员,以20多岁的年轻人为主。这类人往往富有社交能力,注重团队合作,擅长与同事和领导进行沟通协调。他们相信团队的力量,重视和谐的工作环境,并在工作中表现出较强的解决冲突和助人为乐的能力。

管理者应通过组织各类团建活动,如聚会、外出郊游等,充分发挥这类团队成员的"润滑剂"作用。他们在团队中能够促进和谐氛围,使人际关系更加融洽。为他们制定的目标不仅要关注个人的绩效,也要结合团队的整体目标,让他们更好地发挥协作精神,促进团队整体业绩的提升。

5. 注重"稳定"的团队成员

选择"稳定"的团队成员,通常表现为性格温和,工作持续性强,但缺乏灵活性和主动性。他们不喜欢承担风险，也不希望被过多地关注，通常满足于现状，回避压力和挑战。

对于这类团队成员，管理者的管理难度相对较低。通过明确的规章制度和亲和的领导方式，可以让他们在稳定的工作环境中表现出色。他们最需要的是一份安全、稳定的工作，而不是什么激烈的竞争或挑战。因此，避免给他们安排过于复杂或压力过大的任务，保证他们在工作中的安全感，便是对他们最好的激励。

不拘一格用人才，打破"标准"思维

在当今全球化的商业环境中，部分企业管理者仍陷于传统框架的束缚。他们过分依赖既定规章，面对才华横溢却"不合常规"的团队成员时，往往犹豫不决，错失良机。这种保守的用人策略，不仅限制了企业的创新力，更在无形中削弱了其市场竞争力。毕竟，现代企业间的竞争，归根结底是人才的较量，忽视或流失了关键人才，无疑将阻碍企业的长远发展。为此，管理者亟须转变观念，借鉴国际先进经验。

例如，硅谷的科技创新巨头谷歌，其灵活多变的用人哲学为全球企业树立了典范。谷歌在选拔人才时，并不拘泥于学历或工作经验，而是

第7章 人尽其才，打造高效能团队

更看重候选人的创新思维、解决问题的能力以及团队协作精神。这种"不拘一格"的用人策略，使得谷歌能够吸引并留住来自世界各地的顶尖人才，持续推动技术革新和产品迭代。

在当今的创业热潮中，李明作为一位新兴的科技创业者，以其独到的人力资源管理理念和创新的商业模式，在人工智能与大数据领域迅速崛起，成为业界的佳话。

李明深知，在科技日新月异的今天，人才是企业最宝贵的资源。他借鉴了历史智者乔致庸的用人智慧，摒弃了传统企业对学历、背景等硬件条件的过分依赖，转而聚焦于个人的潜力、才能与价值观。

在组建核心团队时，李明不拘一格，招募了一位曾在街头以编程为生的"草根"高手张伟。张伟没有显赫的学历背景，也没有在大公司任职的经历，但他对编程有着近乎痴迷的热爱，拥有解决复杂技术难题的非凡能力。李明看中了张伟的创新思维以及实战能力，不顾外界的质疑，极力邀请他加入团队，并让他担任技术总监。

事实证明，李明的做法是正确的。张伟带领团队开发出的一系列智能算法，为公司赢得了市场先机，成为产品竞争力的关键所在。

更令业界瞩目的是，李明对一个名不见经传的市场分析师赵敏的破格提拔。赵敏起初只是公司的一名普通数据分析员，虽然学历不高，但她对市场趋势有着敏锐的洞察力和独到的见解。

在一次公司的战略讨论会议上，赵敏提出了一套具有前瞻性的市场布局方案，使在场的所有人顿时眼前一亮。李明意识到赵敏的非凡潜力，毅然决定打破常规，直接将她提拔为市场战略规划部总监。这一决定不仅激发了全员的创新精神，也让公司的市场策略更加贴近用户需求，推动了业务的快速增长。

管理影响力

李明还推出了股权激励计划。他坚信，只有当团队成员的利益与公司利益深度绑定时，才能最大限度地激发其积极性和创造力。因此，他向公司全体成员开放股权认购，尤其对于那些对公司发展有突出贡献的核心团队成员，更是慷慨地授予了大量股票期权。这一举措极大地增强了团队的凝聚力和向心力，让每一个成员都能够以主人翁的精神投入到工作中，共同推动公司向前发展。

在李明的带领下，公司不仅迅速在激烈的市场竞争中站稳了脚跟，还逐渐成长为行业内的杰出企业。李明用自己的实际行动证明了，无论时代如何变迁，不拘一格、大胆用人的管理智慧永远是推动企业持续发展的重要法宝。

不拘一格的用人原则涵盖了多个关键要点，对人才的合理运用和组织的发展具有重要意义。

1. 综合考量岗位特点和工作实际

不同岗位有其独特的职责和要求，例如，技术研发岗位需要扎实的专业知识和创新能力，而客户服务岗位则更注重沟通技巧和耐心。我们既要着眼于长远目标，为战略发展储备人才，又要立足当下实际工作需求，确保人才能够切实解决工作中的问题。例如，在项目推进中，根据项目的技术难度和时间要求，精准匹配具备相应能力和经验的人员。

2. 扬长避短

在寻觅与任用人才的征途上，眼光只聚焦于瑕疵，终将一无所获。要善用他人之长，以之补己之短。既然决定借力其长处，便需学会包容其在其他领域的不足，对于细微之处的不尽完美，可以在言语提醒的同时，辅以严明的纪律作为规范之绳。即便偶有违规之举，适度的惩戒也不是为了苛责，而是在引导其成长。

3. 避免"唯资历论"

秉持公平公正的标尺,打破部门壁垒与资历束缚,切记摒弃"唯资历论""唯文凭论"的偏见,转而秉持"能力为先,品德并重"的理念。这意味着,我们应勇于将那些既具备高尚品德又拥有卓越才能的人才,毫无保留地推向前台,委以重任。对于德才兼备的精英,我们应当给予持续、全面且全心全意的支持,让他们的光芒得以绽放。

给下属提供支持,让他发光发热

当团队成员的表现差强人意时,作为管理者,是选择"踢开"他,还是"拉他一把"?这个决策的背后,往往决定了团队成员的发展路径以及企业的资源配置效率。

中关村某公司招聘了一位名叫小彭的青年。尽管小彭毕业于名校,综合素质不错,但由于上一份工作过于清闲,技术荒废了两三年,导致他虽有工作经历却缺乏实际的研发经验。面对这个问题,项目经理提出辞退他。然而,人力资源部部长详细了解情况后,认为小彭虽然技术薄弱,但具备很好的综合素质和潜力,于是劝说项目经理给他更多时间,并鼓励项目经理多带带小彭。

管理影响力

项目经理在听取人力资源部部长的建议后，决定对小彭进行有针对性的辅导。首先，项目经理为小彭制定了详细的成长计划，将复杂的任务分解为多个阶段性目标，逐步提升他的技术能力。其次，项目经理亲自安排小彭参与一些较为简单的项目，确保他能够从基础开始夯实技术，同时分配经验丰富的同事作为小彭的导师，随时解答他的疑问。

在工作过程中，项目经理每周与小彭进行一次跟进会议，了解他的进展并提供及时的反馈，指出他在项目中的不足并给予改进建议。此外，项目经理还为小彭提供了额外的学习资源，并鼓励他利用业余时间不断提升自己，特别是在核心技术领域加深理解。

通过这样的帮助和鼓励，小彭逐渐找回了工作的节奏，并在实际项目中积累了宝贵的经验。随着技术水平的提升，他逐渐能够独立承担更多复杂的任务。

一年后，小彭不仅胜任了工作，还成长为公司技术骨干。

这个例子告诉我们，管理者在面对表现不佳的团队成员时，提供支持和时间帮助他们成长，往往能收获意想不到的结果。对于一个团队，永远无法避免会遇到各种不同类型的团队成员。管理者应当因材施教，根据团队成员的特点制定合理的培养策略，最终实现双赢的局面。

每个团队成员的特点不同，管理者必须针对他们的实际情况进行个性化管理，以提高团队的整体绩效。根据团队成员的技能水平和工作态度，可以将他们大致分为四种类型：

1. 高技能、高态度：团队中的精英

高技能、高态度的团队成员往往是团队中的佼佼者。他们具备丰富的专业知识和经验，同时对工作充满热情和责任心。管理者在面对这些成员时无须过多操心，因为他们不仅能高效完成自己的任务，还会主动

第7章 人尽其才，打造高效能团队

承担更多责任，甚至推动团队的发展。这类成员是公司宝贵的财富，管理者应给予他们一定的自主权，并提供发展机会，以确保他们在公司不断成长。

对于这些高绩效员工，最重要的是提供持续的职业发展支持，如提供具有挑战性的项目、晋升机会以及更多的决策权。通过这种方式，不仅能激励他们继续努力，还能留住他们，为公司长期发展作出贡献。适当的奖励机制，如业绩奖励和晋升计划，也是保持这类成员高效运作的关键。

2. 高技能、低态度：有能力但缺乏热情

高技能、低态度的团队成员虽然具备专业技能，但对工作缺乏积极性，可能表现出冷漠、消极，甚至抗拒工作安排。这类成员往往是技术专家或具备关键能力的人，他们的技能能够为公司带来实际价值，但他们的工作态度却可能影响团队的氛围。

管理者面对这类成员时，需要采取有效的激励和引导措施。首先，可以通过明确的激励机制来激发他们的动力，例如，设定清晰的绩效目标、与他们讨论个人职业发展方向以及提供更有意义的工作任务。同时，管理者也可以加强沟通，了解他们态度背后的原因，是对现有工作内容的失望，还是对团队文化的不满，找到问题的根源后，有针对性地进行调整。此外，管理者还可以通过情感激励，例如，提升对员工的认可和尊重，帮助他们重拾工作的热情。

3. 低技能、高态度：可塑性强的新人

低技能、高态度的团队成员虽然在专业技能上相对薄弱，但他们拥有良好的学习态度和强烈的工作意愿。这类员工通常非常渴望进步，并且具备较强的责任心。尽管他们暂时无法承担高难度的工作任务，但他

们的积极态度让他们成为值得培养的对象。

管理者在面对这类成员时，应通过提供充分的培训和指导，帮助他们提升技能。制定一个明确的成长计划，将长期目标分解为多个阶段性任务，逐步提高他们的能力水平。与此同时，管理者需要为他们提供实际的工作机会，让他们能够在实践中获得经验，并在失败中不断改进。此外，团队中的高技能成员也可以成为他们的导师，帮助他们快速成长。

低技能、高态度的成员有时可能会在学习过程中遇到挫折，管理者应通过鼓励和反馈帮助他们克服这些困难。通过持续的支持和投入，这类成员往往能迅速成长，成为团队中的中坚力量。

4. 低技能、低态度：难以改进的员工

低技能、低态度的团队成员是管理者最为头疼的群体。他们不仅缺乏必要的能力，还表现出对工作的冷漠和不愿改进的态度。这类员工不仅对自身发展没有积极的推动力，还可能在团队中产生负面影响，降低团队士气。

对于这类员工，管理者需要尽早作出决策。首先，管理者可以通过明确的反馈和期望，给他们机会去改善。如果他们能够在短期内表现出改进的意愿和进步，管理者可以继续提供支持和指导。然而，如果在多次尝试后，员工仍未表现出任何改善，管理者应果断采取行动，将他们从核心岗位调离，或考虑劝退。

这种"断舍离"式的管理不仅能够保证团队的整体效率，还能避免因个别成员的低效和负面情绪影响整个团队的氛围。毕竟，一个团队的成功不仅依赖于个别成员的表现，还需要所有成员的协同合作。

提拔具备领导能力的团队成员

在企业管理中,识别和培养具备领导潜质的团队成员是至关重要的。作为管理者,我们的责任不仅仅是提升那些有能力的团队成员,更要确保他们具备领导的素质,从而在团队中起到榜样和激励的作用。

1. 如何识别

有些管理者在提拔团队成员时,常常根据个人喜好来作决定,而非出于团队成员的实际能力和领导潜质。这种做法虽然看似合理,但往往会带来不良后果。例如,某些管理者更倾向于提拔那些和自己性格相似的团队成员,或者喜欢那些在某些方面特别突出的团队成员,却忽视了他们是否具备突出的领导能力。

例如,假设某位管理者是个果断、喜欢"快刀斩乱麻"的人,那么他大概率会更倾向于选拔那些办事利落、效率颇高的团队成员。而另一位性格偏向谨慎的管理者,或许对那些行事风风火火的团队成员不太感兴趣,相对而言,会更青睐那些性格沉稳、做事认真的团队成员。然而,这样的选拔方式很容易导致一种情况出现,即一些善于迎合领导风格但实际上并不具备实质领导能力的人得以被提拔,而那些真正具备杰出才干但性格与之迥异的团队成员却遭到忽视。

这种偏爱性格相投的提拔方式,可能会让公司错失具备真正领导潜质的人才。管理者应该始终牢记,提拔团队成员是为了团队的发展和公司整体利益,而不是为了个人喜好。

如何识别那些具备领导潜质的团队成员呢?可以从以下几个方面来观察团队成员,进而判断他们是否具备领导能力:

(1)言谈举止

团队成员的言谈举止往往能反映出他们的思维方式和判断能力。那些在日常交流中能够逻辑清晰、条理分明地表达观点,并且能够说服他人的团队成员,通常具有较强的领导素质。他们善于分析问题,能够抓住问题的本质,不仅仅停留在表面。这类人通常会在团队中脱颖而出,获得同事的尊重和信任。

(2)应变能力和情商

一位具备领导潜质的团队成员,不仅仅能够坚持自己的观点,还应该具备足够的灵活性。当对方无法接受他的观点时,这类团队成员往往能够迅速调整自己的说话方式,以保持交流的顺畅。这样的团队成员善于察言观色,能根据对方的反应调整策略。这种能力在管理中尤为重要,尤其是在处理客户、合作伙伴或解决内部冲突时。

(3)热情与感染力

真正的管理者不仅在工作中表现出色,还应该具备积极的态度和感染力。那些具备领导潜质的团队成员,往往能通过自己的热情感染周围的同事,使他们愿意跟随并支持自己的工作方向。这种人格魅力使他们成为团队中的"核心人物",即使不在领导位置,也能自然地对团队产生影响。

(4)胸怀与品德

管理者在考察领导潜质时,不能只关注团队成员的能力,还要重视他们的品德和胸怀。作为未来的管理者,他们不仅需要具备优秀的业务能力,还需要有足够的责任感、宽广的胸怀以及为集体利益着想的品德。如果一位团队成员在公司内部经常表现出公平、公正、乐于助人的行为,能够与同事和谐相处,这样的人才真正符合当领导的标准。

2. 如何培养

一旦识别出具备领导潜质的团队成员,管理者还需要通过系统化培养,帮助他们从优秀团队成员成长为真正的管理者。以下是一些具体的培养措施:

(1)提供展示机会

给他们提供更多的机会,让他们在公开场合表达自己的观点。例如,在团队会议中,邀请他们提出意见和建议,并鼓励其他同事对他们的想法作出反馈。这样的公开展示不仅能提升他们的自信心,也能让其他团队成员意识到他们的领导潜力。

(2)推荐相关培训

推荐他们参加一些有助于提升领导能力的培训课程。这些课程可能涉及管理技能、沟通技巧、团队建设等方面的内容。通过学习相关课程,他们能够进一步提升自己,做好承担重任的准备。

提拔具备领导能力的团队成员,不仅是为了填补管理层的空缺,更是为了激发整个团队的潜力。这不仅有助于提升团队的整体效率,也能让团队的每个成员在一个公正、有激励性的环境中实现自我提升。

第8章
绩效考核,促进团队成员成长的机制

第8章　绩效考核，促进团队成员成长的机制

绩效管理的三大陷阱

在当今企业环境中，绩效管理策略日新月异，企业在追求高效成果的同时，极易踏入绩效管理的误区。因此，识别并规避绩效管理过程中的三大主要陷阱，成为每个企业必须高度重视的课题，以确保管理实践既科学又有效，避免不必要的挫折与风险。

陷阱1：只重视形式，不重视结果

绩效管理领域的第一大陷阱，就是"只重视形式，不重视结果"，它让绩效管理的本质被层层表象所遮蔽。尤其是一些企业在执行绩效管理的过程中，仅将焦点对准了外在的形式，而忽视了绩效管理的核心——过程与成效的深度融合。月末的考核，往往沦为一场仓促的分数游戏，缺乏系统性的记录、总结与深入交流，使各部门间的绩效考核成了孤立的个体。

这种流于表面的操作，非但不能促进绩效管理的有效实施，反而使之成为企业与团队成员肩头的额外负担。企业管理者的轻视，自然会引发团队成员的漠视，长此以往，绩效管理非但不能扎根企业，反而被视

作一项多余的任务，招致普遍的抵触情绪。

更糟糕的是，有些企业陷入了"为考核而考核"的怪圈。作为绩效管理的引领者，他们本应协助管理者精心构建科学合理的绩效考核指标，并全程参与绩效反馈、优化与归档等关键环节。然而，实际情况却是，一些管理者在制定考核指标时随心所欲，缺乏与团队成员的深入沟通，仅凭个人主观臆断行事。最终，这些脱离实际的绩效考核指标，既无法激励团队成员，也无法支撑企业的战略目标，最终沦为一纸空文。

陷阱2：中高层和基层相脱离

绩效管理的第二大陷阱，就是中高层与基层之间的断层，其具体表现尤为显著：

（1）考核的"基层独舞"，中高层的"隐形舞台"

在诸多绩效管理实践中，公司往往仅构建了基层团队成员的考核框架，却忽略了中高层管理者的考核体系。绩效管理的精髓，在于驱动公司战略目标的达成，这需要企业全体成员的共同智慧与努力。若中高层管理者游离于考核之外，缺乏相应压力，易致其脱离实际，决策失误，最终阻碍公司战略蓝图的实现。

（2）高层的"缺席指挥"，目标的"各自为政"

理想的状态下，公司的战略方向应由首席执行官亲自指明，随后由人力资源管理部门发布至各部门，最终凝聚成全体团队成员的共同目标。然而，现实中不乏公司战略沦为部门间"孤岛政策"的牺牲品，各部门各自为政，目标杂乱不一，难以形成合力。

公司的发展轨迹，往往深刻体现着首席执行官的战略远见。试想，如果没有王石对于万科、柳传志对于联想、张瑞敏对于海尔的战略引领，仅凭各部门自行其是，这些企业何以成就今日的辉煌？因此，高层

第8章 绩效考核，促进团队成员成长的机制

的深度参与与统一规划，是确保公司战略目标凝聚人心、指引方向的关键所在。

陷阱3：绩效管理＝绩效考核

绩效管理的第三大陷阱，在于将"绩效管理"与"绩效考核"混为一谈，过分侧重后者，而忽视了前者作为一个全面系统的本质。实质上，绩效管理是公司为了推动自身成长、激发团队成员潜能及提升部门效能而精心构建的一套闭环机制。它涵盖了绩效计划的精心规划、绩效辅导的持续跟进、绩效考核的公正评价，以及绩效改进的循环优化。这四个环节（见图3）相互依存，共同推动着团队成员与组织的共同进步。

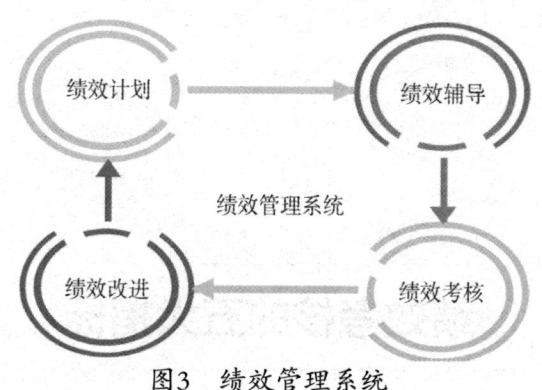

图3 绩效管理系统

绩效考核，作为这一体系中的重要一环，其核心在于对团队成员及部门工作成效的客观评估与价值反馈，其结果往往直接关联到薪酬激励。然而，当人力资源管理部门错误地将绩效考核视为绩效管理的全部时，便会导致整个组织陷入"唯考核论"的误区，资源分配单纯地以考核成绩为依据，长远来看，这无疑会对公司和团队成员的成长造成深远的不利影响。

如果对绩效管理缺乏深刻认识，仅仅将其视为管控与激励团队成员

的手段，盲目追求考核指标的达成，团队成员则可能会陷入短视的困境之中，即仅关注眼前的绩效分数，而忽视了自我价值的深度挖掘与公司愿景的宏大蓝图。长此以往，团队成员将成为绩效数字的"奴隶"，丧失了对个人成长与公司未来的热情和追求，这显然与绩效管理的初衷相悖。

如果公司仅着眼于绩效考核这一环节，而忽视了整个管理流程的完整性与连贯性，是很难激发团队成员内在动力与持续潜能的。企业应当关注绩效管理的每一个环节，引导团队成员认识到，对绩效的重视，实则是对个人成长道路的精心铺设。只有这样，才能实现团队成员与企业的双赢发展。

绩效考核的五大指标

绩效考核是企业管理中至关重要的一环，它不仅能够帮助企业评估团队成员的工作表现，还能为团队成员的成长和进步指明方向。通过合理设置考核内容，管理者可以全面了解团队成员的表现情况，同时激励团队成员不断提升自身能力。正如一句话所说："绩效考核不是终点，而是团队成员成长的起点。"

第8章 绩效考核,促进团队成员成长的机制

以下五大关键绩效指标涵盖了从业绩、能力发展、行为表现、创新与持续改进到客户满意度等多个层面,确保考核与团队成员全面发展和公司战略需求相契合。

1. 业绩

业绩指标一直是考核的核心内容,它通过量化的方式反映团队成员的工作成果,如销售额、项目完成率等。这些指标不仅有助于企业评估团队成员的工作表现,还为团队成员提供了明确的目标和方向。

然而,在设定业绩目标时必须注重平衡,既要具有一定的挑战性,又要具备可实现性。过高的目标可能会使团队成员压力过大,而过低的目标又会削弱他们的工作积极性。合适的业绩指标应基于团队成员的实际能力和岗位要求,帮助他们在合理的压力下提高工作效率。此外,业绩指标不仅要关注短期成果,还应着眼于长期发展,避免为追求一时的数字增长而忽视企业的整体战略。

2. 能力发展

能力发展不仅是团队成员个人成长的体现,也是企业长远发展的关键因素。能力发展指标注重团队成员技能的提升、知识的更新和职业素养的培养。通过这些指标,企业能够清晰地了解团队成员是否在持续学习和进步。

例如,团队成员是否参加了相关培训、获得了行业认证等。在当今快速发展的时代,知识更新尤为重要。企业可以通过内部培训、专家讲座等方式促进团队成员不断提升。同时,职业素养的提升,如沟通能力、管理能力等软技能,也应纳入能力发展的考核范围。通过这一体系,团队成员不仅能够提高工作能力,还能为未来的职业发展奠定坚实的基础。

3. 行为表现

虽然技术能力至关重要，但团队成员在日常工作中的行为表现也不容忽视，行为表现往往直接影响团队的工作效率和企业文化氛围。

行为表现指标评估的是团队成员在沟通、团队合作和时间管理等方面的能力。一个高效的团队离不开良好的沟通和默契的合作，管理者通过360度反馈等方式了解团队成员的行为表现，不仅能够发现潜在的问题，还可以帮助团队成员改进其软技能。通过这种方式，企业能够营造积极健康的工作氛围，提高团队的整体效率和士气。

4. 创新与持续改进

在瞬息万变的商业环境中，企业的竞争力往往源自创新和持续改进。将创新纳入绩效考核，不仅能够激励团队成员不断提出新想法，还能推动企业持续改进工作流程，保持市场优势。例如，在研发团队中，创新指标可能包括新产品的开发、新技术的应用等。通过明确创新的目标和衡量标准，管理者能够激励团队成员在日常工作中主动寻找改进空间，提升企业整体的创新能力。

5. 客户满意度

客户满意度是衡量团队成员工作质量的重要标准之一。它不仅能反映团队成员的服务质量，还直接关系到企业在市场上的竞争力。通过客户满意度调查、客户投诉处理率分析等方式，企业能够了解客户的真实反馈，并将其纳入团队成员的绩效考核中。这一指标能帮助团队成员意识到客户需求的重要性，同时为公司改进服务和产品提供数据支持。将客户满意度纳入考核，能够确保团队成员始终关注客户体验，提升企业的品牌忠诚度和市场影响力。

绩效考核不再局限于业绩数字的简单衡量，而是通过设立涵盖业

第 8 章 绩效考核，促进团队成员成长的机制

绩、能力发展、行为表现、创新与持续改进以及客户满意度等多维度的考核体系，企业能够更加全面地评估团队成员的表现，发掘他们的潜力，助力他们成长。这不仅有助于提升团队成员的工作满意度，也为企业的长期发展奠定坚实的基础。

绩效辅导：绩效提升的催化剂

绩效辅导作为绩效管理循环中不可或缺的一环，其重要性贯穿于整个管理周期。它不仅是管理者对团队成员工作状态的持续跟踪与阶段性审视，更是及时介入、精准施策，以清除阻碍团队成员绩效提升的障碍。以销售团队为例，管理者会根据成员与客户互动的实际场景，灵活调整，即时传授更有效的销售沟通技巧与策略。

绩效辅导是一个有目的、有计划、有步骤的帮扶过程，它搭建起管理者与团队成员深度交流的桥梁，双方共同审视工作进展的情况，剖析潜在的挑战与难题，探索并实践解决问题的创新途径，同时也不忘肯定团队成员的成绩，并客观指出有待改进之处。

这个过程有助于促进团队成员个人能力的提升，无论是知识技能的强化、工作方法的优化、工作态度的转变，还是价值观的升华，都能在

管理影响力

这个过程中得到系统性的滋养与提高。最终，团队成员的成长也会正向推动组织与个人绩效的共同提升。

在一家日化公司的市场推广部，有一位新晋的初级市场推广专员张悦，她在加入团队初期便以出色的学习能力和扎实的基础技能给同事们留下了深刻印象。然而，随着工作的深入，面对日益复杂多变的市场环境以及多元化、个性化的客户需求，张悦逐渐显现出应对方面的局限与不足。部门主管赵雷，凭借其敏锐的洞察力，迅速捕捉到了张悦的巨大潜力及需要重点提升的领域，决定通过一对一的绩效辅导计划来助力她成长。

在设定绩效目标的过程中，赵雷与张悦进行了深入的沟通，共同制定了下一季度的核心任务：在提升客户满意度的同时，积极开拓新的目标客户群体，并达成既定的销售额目标。随后的日子里，赵雷坚持定期与张悦进行面对面的绩效沟通与辅导，不仅密切关注她的工作进展，还分享自己多年的市场实战经验，从市场分析的方法到客户关系管理的技巧，再到谈判桌上的策略与心理战，无不倾囊相授。

一次关键性的客户会谈后，张悦意识到自己在沟通策略上缺乏精准性，对客户需求的理解不够深入，导致会谈成果未达预期。得知这一情况，赵雷立即在随后的绩效辅导环节中，细致地帮助张悦分析问题根源，传授通过深度倾听、精准发问来洞察客户需求的方法，以及如何量身定制解决方案来赢得客户信赖。此外，他还特别强调了在高强度沟通环境中保持冷静、灵活应变的重要性，并亲自示范了相应的沟通技巧。

在赵雷的精心指导下，张悦的沟通技巧实现了质的提升，她开始更加主动地研究市场动态、竞品信息及客户需求，这些努力直接反映在了她的工作成果上。张悦的做法不仅提升了客户满意度，还成功挖掘了多

第8章 绩效考核，促进团队成员成长的机制

位高质量的新客户，最终不仅完成了季度销售目标，更实现了超额业绩。这段经历不仅见证了张悦个人的快速成长，也彰显了有效绩效辅导对于团队整体绩效提升的重要作用。

通过这个案例，我们不难看出，绩效辅导贯穿于整个绩效管理过程，不只是在开始或结束时进行，而是一项持续开展的活动。它既能帮助团队成员解决在绩效实施过程中遇到的问题，同时也加强了管理者与团队成员之间的联系，使得双方能够更有效地协同工作。

通过绩效辅导，团队成员可以更好地理解自己的工作任务和目标，明确自己的发展方向，从而提高工作积极性和满意度。同时，管理者也能通过这一过程更好地了解团队成员的工作情况和需求，为制定更合理的绩效计划和目标提供依据。

具体来说，管理者在绩效辅导过程中可以细化至以下几个关键阶段，以全方位促进团队成员的成长与团队目标的实现：

1. 目标共创与明确阶段

在每个工作周期的开端，如季度初、年度规划或新项目启动时，管理者应与团队成员进行深入沟通，共同描绘并细化绩效蓝图。此阶段的核心在于，不仅让团队成员清晰理解公司愿景，明白部门使命如何与个人职业目标紧密相连，还要共同设定SMART（具体、可衡量、可达成、相关、有时限）的个人绩效指标。通过这一过程，激发团队成员的内在动力，让他们明白每一步努力都是向着既定且富有挑战性的职业阶梯迈进。

2. 过程陪伴与实时引导阶段

在日常工作中，管理者应扮演好导师与伙伴的角色，通过灵活多样的沟通方式（如定期会议、非正式交流、即时反馈等），持续观察并参

与团队成员的工作实践。此阶段，管理者需敏锐捕捉团队成员的进步与亮点，如高效的工作流程、独特的创新思路、积极的态度转变等，给予及时的正面强化，以增强团队成员的成就感与自信心。同时，对于发现的问题与不足，管理者应提供具体、有建设性的反馈，引导团队成员自我反思，共同探索改进策略，并适时提供必要的资源支持，如专业培训、技术工具引入等，助力团队成员跨越障碍，实现技能与能力的双重提升。

3. 进度审核与策略调整阶段

在工作周期的中期，如半年或季度中，管理者应组织中期绩效评估会议，与团队成员一起回顾工作进展，评估目标达成情况。这一阶段旨在识别工作过程中遇到的挑战与机遇，对既定策略进行必要的调整与优化，确保团队成员能够灵活应对市场变化，保持高效的工作节奏。

4. 成果总结与认知深化阶段

当年度或项目结束时，进行全面的绩效评估。管理者需引导团队成员以客观、全面的视角审视自己的工作成果，分析优点与不足，深化对自我能力与工作绩效的认识。通过这一过程，帮助团队成员建立正确的自我评价机制，识别改进空间，明确未来发展方向。同时，管理者应给予团队成员充分的认可与鼓励，肯定他们的努力与成长，激发其持续进步的决心。

5. 反馈循环与持续改进阶段

绩效评估之后，管理者应与团队成员进行深入面谈，就绩效结果进行详细的分析与讨论，提供个性化的发展建议。此阶段的关键在于，构建一个开放、诚实的反馈环境，鼓励团队成员表达自己的想法与感受，共同制定切实可行的发展计划。此外，管理者还需通过持续的辅导与支持,帮助团队成员将反馈转化为实际行动,建立起自我驱动的学习与改进机制,为未来的绩效提升奠定坚实的基础。

没有绩效反馈,绩效=无效

绩效反馈对于员工、管理者和企业的健康发展至关重要。它不仅是员工成长的指南,也是管理者确保团队高效运作的重要工具。缺乏绩效反馈,会导致员工失去方向,工作积极性降低,管理者与员工之间的信任受损,最终影响整个公司的绩效和长远发展。企业应重视绩效反馈机制的建立,确保员工能够得到及时、有效的反馈,以促进个人和公司的共同进步。

一名优秀的管理者,会定期与团队成员做一次正式的绩效谈话。这种谈话应该采用一对一的方式,最好一个月一次,或者每个季度一次。

绩效反馈谈话是一项严肃的管理工作,要求按照标准的程序进行,不能漫无目的,想到哪说到哪。

1. 面谈前的准备

管理人员的准备如下:①确定面谈时间。选择双方都有空闲的时间,尽量不要安排在刚上班或即将下班的时间,尽量避开整点,确定后要征询一下团队成员的意见,并要提前3天通知团队成员。②选择面谈场所。尽量选择不受干扰的场所,要远离电话及其他人员,避免面谈中途被打断。场所一般不宜在开放的办公区进行,最好是小型会议室或接待室。③准备面谈资料。准备好团队成员的工作评价表、日常表现记录、定期工作总结、岗位说明书、薪金变化情况等资料,并整理出团队成员本阶段的最大优点和亟须改进的几点不足。

团队成员的准备如下:①填写自我评价表。②准备好个人的发展计划。③准备好向上级提出的问题。④安排好自己的工作,避免因面谈而影响正常的工作。

2. 面谈的过程

(1)说明面谈的目的和作用

初次面谈的,需清楚地向团队成员说明面谈的目的和作用,使面谈针对性强、易于沟通,消除团队成员的疑虑。

(2)进行绩效考核结果沟通

与团队成员对绩效考核结果进行沟通,首先向团队成员明确评价标准,然后逐项说明考核结果及总的绩效等级。沟通过程中要耐心地解释考核评价结果,允许团队成员提出质疑,给团队成员发表自己看法的时间和机会。

(3)肯定团队成员的优点

按准备阶段总结的材料,对团队成员的优点和成绩进行肯定。

(4)指出团队成员的不足

指出团队成员的不足之处以及这些不足对绩效结果所产生的影响。不要去评判这些不足是否合理,避免由此引发团队成员的情绪波动,以及避免让团队成员把较长时间花费在对这些问题的解释说明上,从而影响面谈的氛围和效果。

（5）制定改进计划

该如何提升工作效率，管理者与团队成员共同制定具体计划。

（6）共同制定下一期的工作目标

新的目标促使绩效管理构成一个完整的闭环。在这一阶段，管理者需做好支持与承诺方面的工作。

（7）双方签字确认，记录整理并归档

绩效反馈面谈的内容及结论应由面谈双方审阅并签字确认，由专人整理归档，以便后期调用。

以上是一个标准的一对一绩效反馈面谈程序，与普通团队成员面谈的时间以 30~60 分钟为宜，与中层主管面谈的时间以 60~120 分钟为佳。

以客户期望为团队成员绩效目标

以客户期望作为团队成员绩效目标是一种以客户为中心的管理方法，它将客户的需求、期望和满意度作为团队成员绩效评价的重要依据。这种方法不仅能够提升客户的忠诚度，还能通过明确的客户导向目标来激励团队成员改进工作表现。

以下是具体的做法和步骤，可以帮助管理者将客户期望转化为团队成员的绩效目标：

1. 理解客户期望——明确方向

在将客户期望转化为绩效目标之前，管理者需要深入了解客户的期望和需求。这涵盖产品的质量、服务的响应速度、售后的满意度等多个方面。客户期望不仅限于产品的使用效果，通常还包括整体体验，如沟通的顺畅性、问题处理的及时性，甚至服务过程中的态度。

例如，一家在线零售公司发现，客户在购买高价商品时最看重的是售后服务的响应速度。于是，他们将售后服务团队的绩效目标设定为"在 48 小时内解决所有客户反馈的问题"。这个明确的目标不仅提升了客户满意度，也使团队成员的工作更具针对性。

要理解客户期望，首先需要开展客户调研，了解客户的核心需求和痛点。此外，要收集客户反馈，分析他们对现有服务或产品的意见。同时，还要定期与客户保持沟通，及时获取他们期望的变化。

2. 将客户期望细化为具体的可衡量指标

客户期望需要转化为可以量化和衡量的绩效指标，才能用于评估团队成员的表现。不同岗位的团队成员可根据客户需求设定不同的指标。例如，客服人员的指标可以是"客户满意度评分"，销售人员可以是"客户转介绍率"，而技术支持团队的指标可以是"故障解决时间"。

例如，一家物流公司通过客户反馈发现，客户最关心的是包裹的准时交付。因此，在公司的 KPI 设计中，客服部门的绩效指标包含了"客户对交付准时性的满意度"，而运输部门的目标则是"准时交付率"。

要将客户期望细化为具体的可衡量指标，需要把客户的期望转化为具体的 KPI，如"客户响应时间""问题解决率""客户保留率"等。

第8章 绩效考核，促进团队成员成长的机制

要依据不同部门和岗位的特点，制定相应的指标，以反映其对客户期望的影响。同时，要确保这些指标是可量化、可追踪的，并且能够真实反映客户的体验。

3. 组织以强化客户期望为导向的团队成员培训

要实现以客户期望为绩效目标，团队成员必须具备以客户为中心的服务意识和技能。因此，管理者可以定期组织团队成员培训，帮助他们深入了解客户期望及其对工作的影响。还可以通过角色扮演、案例分析等方式，模拟客户场景，让团队成员切身体会客户的需求。此外，可以设立内部激励机制，表彰那些表现出色、超出客户期望的团队成员。

例如，某家电维修公司对所有技术人员进行了客户服务培训，重点是如何在上门服务时与客户进行有效沟通，并确保客户感到满意。经过培训，公司的客户满意度显著提高，维修人员的绩效考核中也加入了客户评价这一关键指标。

4. 通过客户反馈进行绩效评估

在客户完成服务或购买后，通过电话、邮件或在线问卷进行满意度调查，重点了解他们的期望是否得到满足。定期分析客户反馈，发现团队成员在服务中的优势和不足。将客户反馈作为绩效考核的一部分，直接影响团队成员的绩效评分和激励政策。

例如，一家银行将客户满意度调查结果，直接与团队成员的年度绩效考核挂钩。每季度，客户会被邀请填写关于服务质量、问题解决效率的问卷，团队成员的绩效评估直接参考这些客户反馈。那些满意度高的团队成员能够获得额外奖金或晋升机会。

5. 建立以客户期望为导向的激励机制

为了激励团队成员更好地满足客户期望，企业需要建立相应的奖励

机制。将团队成员的绩效奖金、晋升机会等与客户满意度挂钩,不仅能增强团队成员的客户意识,还能激发他们的积极性。

例如,某汽车销售公司通过客户满意度评比,设立了"客户最满意销售员"奖项,每季度评选一次。获奖的销售员不仅可以获得丰厚的奖金,还能享有额外的培训机会,这使得整个团队的服务质量不断提升。

6. 持续优化流程

客户的期望是动态变化的,企业必须灵活应对。管理者需要根据客户的反馈,及时调整团队成员的绩效目标和工作流程,以确保团队成员的工作始终与客户的需求保持一致。持续优化服务流程,提升客户体验,能让团队成员的绩效目标始终与客户期望保持一致。

具体做法:①定期审查和更新绩效考核指标,确保其符合客户期望的最新变化。②根据客户反馈优化业务流程,减少客户的痛点,提高工作效率。③通过实时数据监测客户满意度,及时发现问题并调整团队成员的目标和工作方式。

例如,据一家在线教育平台统计,随着用户数量的增加,客户对客服响应速度的要求也越来越高。平台随即调整了客服团队的绩效目标,将原本的"24小时内响应"修改为"8小时内响应",并提供了相应的资源支持,确保团队成员能够及时满足客户的新期望。

以客户期望作为团队成员绩效目标,不仅能帮助企业更好地满足客户需求,还能提升团队成员的服务意识和工作表现。通过将客户期望细化为可量化的指标、强化团队成员培训、利用客户反馈进行绩效评估,并建立相应的激励机制,企业可以确保团队成员的工作始终围绕客户展开,最终实现客户满意度和企业业绩双赢的局面。

第 8 章　绩效考核，促进团队成员成长的机制

既有定期激励，也有即时激励

在绩效管理的核心要素中，赏罚分明占据着举足轻重的地位。具体而言，"赏"这一环节，巧妙地分为即时激励与定期激励两大策略。它们各自独立，但共同激发团队成员的积极性与潜能。

1. 即时激励——点燃激情的火花

即时激励，顾名思义，是在团队成员取得成就或展现出色表现的瞬间，迅速给予的正面反馈与奖励。它如同一股清泉，瞬间滋润团队成员的心田，激发他们内心深处的热情与动力。

想象一下，当团队成员历经艰辛，终于攻克一个技术难题，或是以超乎寻常的效率完成紧急任务，此时，来自领导的即时认可与奖励，无疑是对他们努力的最大肯定。这种认可不仅仅是物质上的奖励，更是精神上的鼓舞，让团队成员感受到自己的价值被看见、被重视。

即时激励的魅力在于其即时性和直接性。它能够在第一时间将团队成员的优秀表现与正面反馈连接起来，形成强烈的正向循环。这种即时

的正向反馈机制,不仅增强了团队成员的自信心和成就感,还激发了他们追求更高目标的欲望。

然而,值得注意的是,即时激励并非盲目地给予奖励。它需要管理者具备敏锐的洞察力和判断力,能够准确识别团队成员的优秀表现,并给予恰当的奖励。同时,即时激励也需要与组织的整体目标和价值观相契合,确保激励措施的有效性和针对性。

2. 定期激励——构筑长远蓝图

与即时激励相比,定期激励则更像是一幅精心绘制的蓝图。它为团队成员设定了清晰的目标和路径,引导他们朝着更高的方向努力。定期激励通常是在固定的时间点或周期内进行的,它基于一定的绩效评估标准或目标达成情况来实施奖励或认可。

定期激励的优势在于其计划性和长期性。它能够帮助团队成员建立稳定的工作预期和职业规划,使他们更加专注于长期目标的实现。同时,定期激励还能够激发团队成员的持续动力和积极性,促使他们不断挑战自我、超越自我。

例如,企业可以设定季度或年度的绩效目标,并根据团队成员的实际表现进行评估和奖励。这种定期激励不仅可以让团队成员看到自己的成长和进步,还能够增强他们对组织的归属感和忠诚度。此外,企业还可以将定期激励与团队成员的职业发展相结合,为他们提供晋升机会、培训资源等长期激励措施,帮助他们在实现个人价值的同时也为组织创造更大的价值。

3. 平衡的艺术——即时与定期的和谐共生

在绩效管理的实践中,即时激励与定期激励并非孤立存在的两个概

第 8 章 绩效考核，促进团队成员成长的机制

念，而是相互依存、相互促进的有机整体。管理者需要掌握平衡的艺术，将这两种激励方式巧妙地结合起来，以最大程度地激发团队成员的积极性和创造力。

（1）要明确激励的目标和对象

管理者需要清楚地知道激励措施的实施对象、目的和实现方式，以确保激励措施的有效性和针对性。同时，还需要根据团队成员的个性和需求制定个性化的激励方案，以满足不同团队成员的不同需求。

（2）要选择合适的激励方式

不同的团队成员可能对不同的激励方式有不同的反应和偏好。因此，管理者需要深入了解团队成员的需求和期望，为他们提供多样化的激励选择。例如，对于喜欢挑战和创新的团队成员可以给予更多的即时激励；而对于注重稳定和长期发展的团队成员则可以提供更多的定期激励。

（3）要建立公正的评价体系

无论是即时激励还是定期激励都需要建立在公正、客观的评价体系之上。管理者需要确保评价标准的合理性和公开性，避免因为主观偏见或信息不对称而导致激励措施失效。同时，还需要建立有效的沟通机制，及时将评价结果反馈给团队成员，并听取他们的意见和建议。

（4）要平衡短期和长期目标

管理者需要认识到即时激励和定期激励在激发团队成员积极性和创造力方面的不同作用，并根据组织的实际情况和战略目标来平衡这两种激励方式的使用。既要关注团队成员的短期表现并给予及时的奖励和认可，又要关注团队成员的长期发展，并为他们提供稳定的职业规划和成长路径。

管理影响力

　　即时激励与定期激励是激发团队成员积极性和创造力的关键所在。管理者需要掌握平衡的艺术，将这两种激励方式巧妙地结合起来，以最大程度地发挥它们的作用。只有这样，才能够构建一个充满活力、高效运转的绩效管理体系，为组织的持续发展和团队成员的个人成长提供有力保障。

第9章
懂得授权，团队成员更优秀

管理影响力

学会放权，才能更好地促进落实

美国管理协会前任会长罗仑斯·阿普里是这样给"管理"下定义的："管理是通过他人将事情办妥。"可是，许多管理者却常常试图自己去把事办好，这是一种不明智的行为。

能否真正做到放权于人，是衡量一位管理者是否能正确看待和运用手中权力的重要标尺。遗憾的是，部分管理者错误地将权力视为个人的专属领地或私器，企图以此作为个人私利的杠杆，紧紧攥住不放，对每一点权力都恋恋不舍，这种观念与行为是极其偏颇和不可取的。

万历皇帝初登大宝，面对朝政积弊，毅然决定启用张居正为内阁首辅，寄望其能推行一系列革新措施以振兴国家。张居正上任后，提出了"考成法"等一系列改革方案，并请求万历皇帝给予充分的信任与授权，以便能够高效执行。

在推行"考成法"的过程中，张居正需要对各级官员进行严格的考核与监督，以确保政令畅通无阻。面对烦琐的政务与复杂的官场关系，张居正多次向万历皇帝提出请求，希望皇帝能放手让他全权处理，减少

第9章 懂得授权,团队成员更优秀

不必要的干预。万历皇帝深谙放权之道,认识到只有让张居正拥有足够的权力,改革才能顺利进行,因此同意了张居正的请求。

这一放权之举,让官员们感受到前所未有的责任感与紧迫感,纷纷积极响应张居正的号召,积极投身改革,有效调动了他们的积极性与创造力。同时,放权使得张居正及其团队能够根据实际情况迅速作出决策,减少了因层层请示汇报而导致的效率低下问题,增强了政策执行的灵活性与时效性。

随着决策流程的简化与工作效率的提高,各项改革措施得以迅速落地实施,国家机器开始高效运转,社会风气为之一振。

万历皇帝通过放权,得以从繁重的日常政务中解脱出来,有更多精力关注国家长远发展及战略规划等核心议题,为明朝的复兴奠定了坚实的基础。

这一历史案例再次证明,放权用人不仅能够激发团队的活力与创造力,还能提升整体工作效率,使管理者能够聚焦于更宏观、更核心的议题上,从而实现组织的长远发展。

能否真正放权,是衡量管理者对团队信任程度的重要标尺。部分管理者在授权上犹豫不决,根源在于对团队成员缺乏足够的信心,担忧权力被误用或任务执行不力。古语云:"疑人不用,用人不疑。"这不仅是对用人智慧的精练概括,也是建立高效团队的基本信条。因此,要促进放权文化的形成,首要任务是构建管理者对团队成员信任的桥梁。

管理者应深刻理解,手中的权力源自团队成员,领导的艺术在于把握权力集中与分散的微妙平衡,避免陷入绝对权力的误区。权力的高度集中虽能带来一时的权威感,但长期而言,却可能抑制团队的创造力与自主性,导致"物极必反"的局面。

管理影响力

实现有效放权，关键在于明确界定管理者与团队成员之间的职责界限。每位成员都应清晰知晓自己的岗位责任、权限范围及应达成的目标。领导应勇于将权力适当下放至团队，鼓励成员自主决策与行动，同时保留关键决策权以确保整体方向的正确性。这种"大权独揽，小权分散"的管理模式，旨在激发上下两级的积极性，形成协同工作的强大合力，共同推动企业的发展。

管理者在有效放权时，需要遵循以下几个原则：

1. 明确目标和期望

在放权之前，需要清楚地传达任务目标和期望的成果。团队成员需要知道他们的工作方向、优先级和评估标准，这样才能在执行过程中作出正确的决策。

2. 选择能力匹配的人

放权是给团队成员提供学习与成长的阶梯，因此给予具有挑战性的任务并无不可。但这个阶梯如果太高，团队成员不但会将事情搞砸，还会滋生出负面情绪。所以，在放权时，要评估团队成员的能力。只有其能力与权力基本匹配时，才可以放权。

3. 提供必要的资源和支持

放权不是简单地放手不管，还需要确保团队成员有足够的资源、信息和工具来完成任务。同时，管理者应保持开放的沟通渠道，及时提供指导和帮助。

4. 设定清晰的决策权限

团队成员需要知道在多大范围内可以自主决策，哪些问题需要上报，哪些可以自己解决。明确的决策权限可以避免因权责不清而导致的混乱。

5. 建立信任与监督机制

放权的核心是信任，但信任并不意味着不监管。管理者可以建立适当的监督机制，如定期汇报、阶段性检查等，确保任务按计划推进。

一些项目管理工具，如 OKR（Objectives and Key Results）系统，也可以帮助管理者跟踪团队的进展，减少对具体事务的干涉，同时为团队提供一定的自主空间。这种方式不仅能够增强团队的信心，还能确保在放权后的决策符合公司的整体利益。此外，还可以通过设定明确的目标和 KPI，确保团队成员的自主行动与公司整体战略保持一致。

6. 允许团队成员犯错

在放权的过程中，管理者应该允许团队成员在一定程度上犯错，将其视为学习和成长的成本。这有助于团队成员提升自信，并在未来更好地承担责任。

不信任，是对团队成员最大的浪费

著名的日本松下集团，其商业秘密从来不对团队成员保密，他们在新团队成员上班的第一天，就对团队成员进行毫无保留的技术培训。有人担心，这样可能会泄露商业秘密。松下幸之助却说，如果为了保守商业秘密而对团队成员进行技术封锁，团队成员会因为没掌握技术而生产出更多的不合格品，加大公司的生产成本，这样的负面影响比泄露商业秘密带来的损失更为严重。

对于以脑力劳动为主要工作方式的公司（如软件业），其生产根本无法像物质生产那样被控制起来，信任也是唯一的选择。

反之，对团队成员不信任，就会成为管理中最大的成本，企业会为不信任付出高昂的代价。不信任的直接后果是听不到团队中的创造性意见，甚至可能降低公司的生产能力。一旦消除不信任，工作就会明显改观。

在把不信任转变为信任的过程中，管理者的作用非常关键，他们往往是推动团队氛围从猜忌走向信赖的关键力量。

陈峰刚刚担任部门经理时，接手一个因长期处于不信任氛围而陷入僵局的团队。在这个团队中，"请认真点好吗？"这样的话语，往往出自陈峰之口，而非团队成员，这反映了他初期面对团队执行不力时的无奈与期许。

面对管理层的不信任，团队成员们常常选择沉默、逃避或是将这份不信任情绪无意识地传递给下一级，形成一个恶性循环。小培就曾因担心受到上级责备，而对自己的同事持保留态度，导致团队内部沟通受阻，项目进展缓慢。

为了打破这一僵局，陈峰决定采取一系列积极措施，重塑团队信任文化。他首先承诺，将无条件尊重并认真考虑每一位团队成员的想法和建议，包括小培在内。

在一次重要的项目讨论会上，陈峰制定了新的会议规则：他鼓励所有人，不论职位高低，都积极发言；他亲自示范，不加批判地倾听每个人的意见，并将所有建议记录在白板上，无论这些想法看起来多么不切

第9章 懂得授权，团队成员更优秀

实际。

小培最初也保持观望，但看到陈峰的真诚与坚持，她鼓起勇气提出了自己关于项目优化的独特见解。出乎意料的是，这一提议不仅得到了陈峰的认可，还被作为创新点融入项目计划中。这次经历极大地鼓舞了小培，也让她意识到自己的价值和对团队的重要性。

随着时间的推移，陈峰通过不断强调"先尝试，再完善"的理念，鼓励团队成员不拘泥于现有条件，勇于探索。他强调，重要的是保持开放的心态，共同寻找解决问题的路径。这种氛围的营造，使得团队开始将原本浪费在不信任和互相防御上的精力，转向更有价值的创新与实践。

最终，在陈峰的带领下，团队不仅成功完成了项目，还因多项创新举措获得了公司的表彰。更重要的是，团队内部建立起了坚实的信任基础，成员之间能够坦诚交流，相互支持，共同面对挑战。小培也从这次经历中学会了如何主动建立信任，成为团队中不可或缺的一员。

管理者信任团队成员可以带来以下三大好处：

首先，提升团队成员士气与忠诚度。当团队成员感受到管理者的信任时，他们会感到被重视和认可，这种正面情绪能够显著提升他们的工作士气。团队成员会更加积极地投入工作，因为他们相信自己的贡献能够被看见并受到重视。同时，信任也是建立团队成员忠诚度的重要基石。当团队成员感受到组织的信任和支持时，他们更有可能长期留任，为组织的发展贡献自己的力量。

其次，促进创新与提升创造力。信任能够营造一个开放、包容的工作环境，这种环境是创新和创造力滋长的沃土。当团队成员知道他们的想法和意见会被认真听取和考虑时，他们会更愿意提出新的想法和解决方案。这种无拘无束的思维方式能够激发团队的创造力，推动组织不断向前发展。此外，信任还能鼓励团队成员勇于尝试和冒险，即使失败，也能从中学习和成长。

最后，提高工作效率与协作能力。信任能够减少组织内部的摩擦和冲突，使团队成员能够更加顺畅地合作。当管理者信任团队成员时，他们会赋予团队成员更多的自主权和决策权，让团队成员能够在自己的职责范围内作出决策。这种授权不仅能够提高团队成员的工作效率，还能增强他们的责任感和使命感。同时，信任还能促进团队成员之间的信息共享和资源整合，使团队能够更加高效地完成任务。在信任的基础上，团队成员之间能够建立起深厚的合作关系，共同为组织的目标努力奋斗。

以下是一些能够帮助管理者与员工建立信任关系的有效方法：

1. 保持透明的沟通

透明的沟通是建立信任的基石。管理者应该定期与员工进行开放式的沟通，确保信息流动畅通，尤其是在涉及公司战略、部门目标或变革时。透明的沟通让员工感到自己被告知并参与公司的发展过程中，能够增强其对管理者的信任感。

2. 尊重与认可员工的贡献

尊重员工是管理者与员工建立信任的关键。员工希望他们的工作被认可和重视，管理者要善于发现并公开表扬员工的贡献。这不仅能激励员工，还能增强他们对管理者的信任。

3. 信守承诺

信守承诺是管理者建立信任关系的重要原则。如果管理者承诺了某件事，必须尽全力去兑现。如果因为特殊原因无法履行承诺，管理者应及时与员工解释清楚原因，并提出替代方案。这种行为能展示管理者的责任感和诚意，帮助其建立与员工的长期信任。

4. 展示领导的开放性与包容性

管理者应鼓励员工表达不同的观点和意见，建立开放的讨论氛围。这不仅能让员工感到他们的意见被重视，还能让员工更愿意提出有建设性的批评或建议，进一步加强双方的信任关系。

5. 展现同理心与关怀

关心员工的个人需求和职业发展，展现同理心是建立信任的重要途径。管理者不仅要关心员工的工作表现，还要关心他们的心理健康和工作与生活的平衡。员工会感受到来自管理者的关怀，从而更愿意信任管理者并为公司努力。

6. 提供公平、公正的环境

管理者应确保团队内的每个人都能在公平的环境中工作，不因性别、年龄、文化背景或其他个人差异而受到区别对待。员工在公平的工作环境中会更愿意信任管理者，并对公司的目标保持认同感。

让团队成员成为公司的主人

为了激发团队成员的内在动力与归属感，很多管理者开始探索让团队成员成为企业真正主人的途径。这一策略的核心在于管理者深刻认识到，只有当团队成员的权益得到充分尊重与保障时，他们才会将自己视为公司的主人，以高度的责任感和积极性投入到工作中。美国戴那公司的总裁麦克佛森便是这一理念的践行者，他的经营哲学精髓在于"将企业的掌舵权赋予每一位团队成员"。

麦克佛森大胆革新，赋予公司内90位"工厂领导"（即厂长）前所未有的自主权，让他们直接掌管各自工厂的人事安排、财务管理、物资采购等关键环节。这一举措看似挑战了传统经济管理的集中化原则，因为集中采购通常被视为降低成本、提升效率的有效手段。然而，麦克佛森却洞察到，集中采购在灵活性与责任归属上可能带来的弊端。他坚信，当每个"工厂领导"都对自己的季度目标负责时，任何外部因素导致的延误都可能成为推卸责任的借口，从而影响整体执行效率。

因此，他选择将采购权等关键职能下放，让"工厂领导"们能够根据实际情况灵活应对。这种权力的分散非但没有削弱企业的整体效能，反而激发了内部竞争与合作的良好生态。当多个"工厂领导"意识到降低成本的重要性时，他们会自发地联合起来，通过谈判或规模效应来降低采购成本，从而在确保各自目标达成的同时，也为公司创造了更大的价值。这一实践不仅彰显了麦克佛森的管理智慧，也为其他企业提供了宝贵的经验：真正的企业主人翁精神，源自对团队成员权利的尊重与信任。

戴那公司没有作业准则，也不用写报告，一位执行副总裁说："我们有的只是信任！"他们充分尊重每一位团队成员。

20世纪70年代，戴那公司的投资报酬率在财星五百大公司中跃居第二。而这家位于俄亥俄州托来多市的轮轴制造公司，曾被认为"拥有有史以来财星五百大公司中最差劲的生产线"。1979年至1981年间，

第9章　懂得授权，团队成员更优秀

虽然受到经济危机的打击，该公司却迅速恢复了元气。

管理者要让团队成员成为公司的主人，可以从以下三点入手：

1. 放权与信任

管理者应赋予团队成员适当的权力和责任，让他们参与公司的决策和日常运营中。这种赋权不仅体现在工作任务上，更包括决策过程的参与。同时，管理者要展现出对团队成员能力的信任，相信他们能够胜任并作出正确的决策。这种信任感会让团队成员更加自信地投入工作，将公司的目标视为自己的目标。

2. 共享与沟通

建立开放、透明的沟通机制，确保团队成员能够及时了解公司的战略方向、业务进展和决策过程。通过共享信息，团队成员能感受到自己是公司不可或缺的一部分，能够对公司的发展产生直接影响。此外，管理者还应鼓励团队成员提出意见和建议，积极听取并考虑他们的声音，让团队成员感受到自己的价值和被尊重。

3. 激励与关怀

设计合理的激励机制，包括物质奖励和精神激励，以激发团队成员的积极性和创造力。物质奖励如绩效奖金、股权激励等可以直接提升团队成员的满意度和忠诚度；而精神激励如表彰、认可等则能增强团队成员的归属感和成就感。同时，管理者还应关注团队成员的个人发展和福利需求，提供必要的支持和帮助，让团队成员感受到公司的温暖和关怀，从而更加珍惜这份工作并为公司贡献自己的力量。

管理影响力

用"嘴"留人,不如用"事业"留人

大多数公司管理者心中的理想团队成员是这样的:对工作有激情,喜欢新的工作内容,希望参与较大项目,希望学习新东西,希望能有所成,等等。但是,公司是否具备吸引这样的团队成员的条件,或者说,有没有为团队成员的雄心勃勃提供发展的空间?

所以,真正聪明的领导是用这样的条件去吸引他想要的团队成员的,即充分的发展空间、专业的挑战性、工作的创造性和各种各样的机会,而不是刻意挽留。

在上海繁华热闹的市中心,有一家舞蹈艺术培训的连锁机构。它可不单单是孩子们追逐舞蹈梦想开始启航的地方,同时也是一群对舞蹈满怀热爱、执着追求卓越的教育工作者们温暖的家园。这家机构能够取得成功,很大程度上归功于其别出心裁的留人策略——以"事业"作为纽带,促使团队成员与企业一同迈向辉煌。

这家舞蹈艺培机构是由李华女士创立的,从最初的一家小小的店面,逐步发展壮大,成为拥有数十家分校的知名舞蹈艺术教育品牌。随

第 9 章 懂得授权，团队成员更优秀

着规模不断扩大，李华渐渐意识到，要想保持并提升教学质量，关键在于拥有一支稳定且充满激情的教师团队。然而，舞蹈教育行业向来人才流动频繁，怎样留住这些才华出众的教师，成为她迫切需要解决的难题。

面对这样的挑战，李华没有采用传统的薪酬激励方式或者单纯的情感挽留手段，而是另辟蹊径，推出了"分校校长计划"。这一计划的核心要点是：将企业的发展和团队成员的事业梦想紧密地联系在一起，让优秀的团队成员有机会成为分校的校长，共同分享成功带来的喜悦以及利润。

每年年底的时候，学校都会举办一次全面的绩效评估与选拔活动。通过学生的反馈情况、教学取得的成果、同事之间的评价以及自我展示等多个不同的维度，综合评选出表现出色的教师，将他们列为分校校长的候选人。

被选中的候选人将会接受长达数月的全方位培训，培训内容涉及教学管理、市场运营、财务管理、团队建设等诸多方面。李华亲自参与课程的设计工作，并且邀请行业内的专家前来授课，以此确保每一位未来的校长都能够胜任新的角色。

培训结束之后，根据候选人各自的特长以及分校的实际需求，李华会为每一位校长分配一家新开设或者有待优化的分校。校长不仅要负责教学质量的把控工作，还要参与分校的日常运营以及战略规划当中。

分校的经营收入，在扣除掉必要的成本之后，会按照一定的比例与校长进行利润分享。这一机制极大地调动了各分校校长的积极性和创造力，他们开始主动地思考如何提升教学质量、优化服务流程、拓展招生渠道，从而实现分校和个人双赢的局面。

自从"分校校长计划"实施以来，学校不仅成功地留住了大量优秀的

管理影响力

教师，还吸引了更多有志于舞蹈教育事业的人才加入进来。分校的数量快速增加，教学质量稳步提高，品牌的影响力也进一步得到扩大。更为重要的是，每一位分校校长都找到了属于自己的施展才华的舞台。他们在实现个人价值的同时，也为学校未来的发展贡献出了自己的力量。

李华凭借她的智慧和远见卓识，证明了"用事业留人"的强大力量。在这家舞蹈艺培机构里，每一个成员都不仅仅是团队成员，更是共同创造辉煌的亲密伙伴。

"用事业留人"不只是提供物质奖励，更在于为员工创造长期发展的机会和成就感。通过明确的职业发展路径、具有挑战性的工作任务、持续的培训与支持，以及开放创新的文化氛围，管理者可以帮助员工看到他们在公司中的长远发展潜力。同时，培养员工的归属感和参与感，让他们感受到自己不仅是完成工作任务的执行者，更是公司事业的创造者。这样，员工会愿意与公司共同成长，长期留在公司并实现个人与企业的双赢。

第 10 章
制度不败,用法治代替人治

制定制度的四个原则

一提到"制度",不少人首先会联想到"限制"或者"约束",仿佛制度存在的唯一意义就是管束团队成员。从表面上看,制度确实会设定一些行为规范,但制度真正的作用绝非仅仅如此。制度的核心在于提升组织效率,而并非单纯地限制个体行为。

从管理的视角来看,制度是一种工具。它把企业中所有合理、有效的做法进行固化和规范,让每个团队成员都清楚自己的职责是什么,明白如何与其他部门相互配合,以此确保工作流程有条不紊地进行。这种有序的管理模式能够极大地提升组织的整体效率,真正达成"1+1>2"的效果。

例如,有两支队伍在面对同样的挑战时,一支队伍由严格的制度进行管理,另一支队伍则各自为战,哪一方的胜算会更大呢?答案不言而喻。制度化管理所带来的秩序和协作能力,远远超过了那种如散兵游勇般的作战方式。

相比之下,人治模式的弊端十分明显。首先,人治往往具有很大的

第10章 制度不败，用法治代替人治

随意性，缺乏科学依据，团队成员很难适应这种不可预测的环境。其次，人治容易走向专制，决策常常受到个人情感和偏见的影响，结果导致错误判断频繁出现，组织内部的人际关系也会变得紧张。更为严重的是，人治容易出现任人唯亲的现象，这不仅会削弱管理者的威信，还会打击团队成员的工作热情以及降低团队的凝聚力。最后，人治解决问题的方式通常只是应急式的，就像头疼医头、脚疼医脚一样，无法从根本上解决问题。

正因如此，许多一流企业都格外注重制度化管理。它们通过制度，将所有合理的做法和流程固定下来，并不断优化和去除那些不合理的环节。联想的柳传志曾经说过，20年后的中国企业，能够留存下来的只有那些在管理以及适应环境方面做了充分准备的企业。可见，企业的长远发展依赖于对管理制度的深入钻研和严格执行。

远大集团的创始人张跃，对制度的推崇几乎达到了执着的程度。他坚信，企业的成败不在于技术本身，而在于是否拥有完善的制度。无论是生产管理还是客户接待，远大都力求做到尽善尽美。张跃坚信，制度是企业运行的基石，企业要么凭借制度走向成功，要么因为制度的缺失而走向失败。

在企业的管理中，企业内部制度的作用，远远不只是简单的约束或者限制，而是为了提高组织效率，保障企业在日常运转中的有序性和可持续发展。然而，管理者在实施制度时常常会遇到现实的困境：制度可能不合理、不具备可操作性，甚至与原有的规定发生冲突。那么，如何应对这些问题，既能够保证制度的稳定，又能满足企业内部不断变化的需求呢？

以下四个原则需要严格遵守：

1. 循序渐进，避免制度泛滥

制度建设必须遵循循序渐进的原则，尤其是在企业的初创时期。很多管理者容易陷入"一劳永逸"的错误观念，试图在短时间内制定出全面的制度体系。实际上，这样的做法往往会产生相反的效果。过于复杂或者全面的制度容易让团队成员感到困惑，甚至出现执行混乱的情况。因此，企业应该从简单容易操作的制度开始，随着企业的发展逐步完善制度体系。这样做不仅能够避免团队成员在制度的频繁变化中迷失方向，也能确保每一项制度都能够真正发挥作用。

2. 实用为上，拒绝制度教条化

制度设计的核心目标是提升组织效率，而不是为了约束而约束。因此，每一项制度的制定，都应该围绕"是否有助于提升效率"这一标准来进行衡量。管理者要避免将制度教条化，如果某一制度对团队成员的行为限制多于对企业效率的促进，就应该重新审视其必要性。实用的制度不仅能够保证日常工作的顺利进行，还能激发团队成员的积极性，因为他们会感受到这些规则的合理性与公平性。

3. 建立双向沟通的反馈机制

企业在制定制度时，不能仅仅依靠想象或者高层的决策，而应该多听取团队成员的意见和反馈。毕竟，团队成员是制度的直接执行者，他们最了解制度在日常工作中的实际效果。如果管理者在制度设计中没有考虑到基层团队成员的可操作性，那么制度再完美也会在执行过程中遇到阻碍。因此，企业应该在制定制度之前，广泛收集团队成员的意见，建立双向沟通机制。这不仅能够提高制度的合理性，还能增强团队成员的参与感和执行的积极性。

4. 适度灵活，避免朝令夕改

制度的稳定性非常重要，但这并不意味着制度不能改变。管理者需要在稳定与灵活之间找到平衡。制度应该具备一定的灵活性，以应对企业环境的变化，但变动不应过于频繁，否则会导致团队成员的不安和信任缺失。因此，在调整制度时，应该尽可能保留制度框架，只对细节进行调整，以确保团队成员对制度有稳定的预期。同时，在进行制度调整时，管理者应该提供足够的解释和沟通，确保团队成员理解变动的原因和目的。

企业制度的建立与管理，是一项系统且长期的工作。通过循序渐进地制定实用的制度、重视团队成员的反馈与参与、在稳定与灵活之间寻求平衡，企业可以逐步完善其管理机制，让制度真正成为组织效率提升的工具，而不是束缚企业发展的阻碍。管理者在制度管理中应该具备远见和耐心，确保每一项制度的制定和调整，都能为企业的长期发展奠定坚实的基础。

制定制度的八个步骤

制定一套行之有效的制度，需要经过深思熟虑的规划和执行，一般来说，分为如下八个步骤。

1. 理解公司的愿景与战略目标

制定制度，首先要以公司的愿景和战略目标为基础。只有深入理解公司希望达到的未来状态，制度才能发挥支持作用，推动公司持续成长。

公司的愿景是其发展的灯塔，决定着制度的整体方向。例如，若公司的愿景是成为行业内的领跑者，那么制度的设计应当注重激发创新、提高工作效率，并推动市场扩展。愿景不仅仅是对未来的描绘，更是制度设计时的核心指导。

每一项制度都必须服务于公司的战略目标。因此，明确这些目标是制度设计的基础。战略目标可能涉及市场份额的提升、产品质量的优化、内部管理流程的改进，或是客户满意度的提高。明确的目标有助于制度制定者聚焦于优先事项，确保资源合理配置，流程规范有序。

2. 了解公司现状和问题

对现有的工作流程、管理机制、员工行为等进行深入分析。通过广泛听取各部门的意见，可以发现现行制度的不足之处，或者找出哪些方面缺乏明确的规则和规范。具体方法包括：

（1）员工调查。通过匿名问卷或讨论会，收集员工对现行制度的反馈，了解制度的改进空间。

（2）管理层座谈会。与各级管理者交流，发现他们在管理中遇到的瓶颈和困难。

（3）业务流程审查。评估公司主要业务流程的效率，识别制度制定的重点领域。

第10章 制度不败，用法治代替人治

3. 制定制度框架

在分析需求后，制定制度框架是下一步工作。制度框架应涵盖公司的核心业务运作，如：

（1）人力资源制度：包括招聘、培训、考核、晋升、奖励和处罚等。

（2）财务管理制度：包括预算管理、资金使用和财务审计。

（3）工作流程与职责制度：明确各部门和岗位的职责及操作流程。

（4）信息安全制度：确保公司数据和网络安全。

制度框架应具有系统性，各个制度相互配合。例如，财务管理制度应与人力资源中的薪酬制度相呼应，工作流程也应与信息安全制度协调一致。

4. 草拟制度内容

在确定框架后，具体条款的起草工作应当紧随其后。可以邀请专业的法律顾问或管理专家参与，以确保制度的合法性和可操作性。草拟制度时，需语言简洁、明确，避免模糊表达。每条制度应清晰规定具体行为要求、操作流程和违反后的处理措施。

5. 广泛征求意见

草拟制度完成后，征求内部意见尤为重要。通过内部讨论会或专家评审，确保制度符合公司实际情况，并具备可操作性。在吸收意见后，对草案进行修改，以确保其合理性和可行性。

6. 最终审核与批准

完善后的制度需提交给高层管理者或董事会进行审核。该步骤确保制度不仅符合管理需求，还能够从战略高度支持公司的长远发展。

7. 实施与宣传

制度一经批准，便应立即推行。通过员工培训、会议或发布内部文件等方式，确保制度的核心内容传达到每位员工。可以采用以下几种方式实施制度：

（1）员工手册。编写详细的手册，向每位员工分发，并确保他们理解制度内容。

（2）培训课程。通过专门培训，增强员工对新制度的理解与掌握。

（3）定期复查。定期对制度执行情况进行复查，及时发现问题并做出调整。

8. 制度的监督与执行

公司应设立专门的监督部门，监督制度的执行情况，确保各项规定得以落实。具体可以通过以下方式强化监督：

（1）设立监督部门。建立内部审计或合规部门，专职负责制度监督。

（2）建立员工反馈机制。设立透明的反馈渠道，鼓励员工举报违反制度的行为。

（3）定期审计。通过定期审计，找出制度执行中的漏洞并及时改进。

第10章 制度不败，用法治代替人治

热炉法则，触碰规则就会被"烫"

有些企业，不是没有制度，而是制度没有得到严格执行。我们常常可以看到这样的情形：某些管理者在情绪高昂的时候，会紧紧抓住制度，处理几起违规事件；可等这股热情消退之后，又将制度搁置一旁，对违规行为睁一只眼闭一只眼。心情愉悦的时候，看到有人违反规定，可能仅仅只是给予提醒，该处罚的却不处罚；心情不佳时，面对一些小过错却会严厉惩处，不该罚的也会处罚。长此以往，制度就如同虚设，没有人会把它当真。

这里有一个非常形象的比喻，叫作"热炉法则"。管理者不妨想象一下，当触摸到烧红的炉子时，一定会被立刻烫伤。管理者可以运用这一法则，公平、公正地对待所有员工的违规行为，同时保持团队纪律，避免人际关系中的冲突。以下是管理者如何有效运用"热炉法则"的几点建议：

1. 预警性：事前明确规则与后果

在"热炉法则"中，触摸热炉前人们已经知道会被烫伤。同样，员工也应该在事前清楚公司或团队的规章制度以及违反这些制度可能带来的后果。管理者必须确保每位员工在进入公司时都被告知并理解公司纪律要求和行为规范。

管理者需要确保公司或团队有清晰的规章制度,并以书面形式进行传达。无论是关于工作态度、绩效目标还是行为规范,员工都应该一目了然地知道哪些行为是不可接受的。

此外,管理者还要定期强调纪律要求:定期重申团队规则,尤其是在公司政策发生变更或新成员加入时,管理者应提醒员工相关制度和纪律要求,避免"我不知道有这样的规定"的借口。

2. 即时性:发现违规行为后立即采取行动

当员工触犯规则时,管理者应立即处理,就像触摸热炉时立刻被灼伤一样。及时的反馈和惩罚不仅可以迅速纠正违规行为,还能让其他员工清楚看到公司的态度,从而起到警示作用。

处理违规行为时,管理者应就事论事,专注于解决当前问题,不把过去的问题积累到一起处理,这样能避免模糊焦点。

3. 公正性:惩罚与行为相称

"热炉法则"中的热炉不会因触摸者的身份不同而产生不同的灼伤,管理者同样应确保制度对所有员工一视同仁,无论员工的职位高低、资历深浅,违规行为都应受到公正、相称的处理。处罚的严厉程度应该与行为的严重性成正比。

对于轻微的违规行为,管理者可以选择轻微的处罚或警告。对于严重的违规行为,如欺诈或严重违反公司政策,处罚应更加严厉,甚至包括解雇。

第10章　制度不败，用法治代替人治

4. 一致性：每次违规都同样处理

就像每次触碰热炉都会被烫伤一样，管理者在处理员工违规行为时，必须保持一致性。如果同样的违规行为在不同时间或对不同人有不同的处理方式，会导致员工对公司规则和纪律失去信心，甚至质疑管理者的公正性。

如果一个员工因迟到被处罚，另一个员工同样迟到却没有受到相应处理，这将损害团队的信任和纪律。此外，管理者应避免因为个人喜好、情绪或外部压力对员工的违规行为进行选择性处理。这种做法不仅会破坏团队的信任，还可能导致团队的分裂。

制度比个人能力更为重要

一个能力出众的人或许可以凭借其智慧和才华，在短期内为团队带来显著的成果，例如，成功拿下一个重要项目，或是提出创新性的解决方案推动业务发展。虽然个人能力在某些时刻能够发挥关键作用，但从组织的整体和长远来看，制度仍无可替代。

伊藤洋货行董事长伊藤雅俊曾经作出了一个令人震惊的决定：解雇曾立下赫赫战功的岸信一雄。此举在日本商界引发了轩然大波，甚至连

管理影响力

舆论界也用尖刻的语言批评伊藤雅俊，指责他"过河拆桥"，解雇了一位对公司作出巨大贡献的功臣。然而，面对外界的批评，伊藤雅俊坚定地回应："纪律和秩序是企业的生命线，任何人无论贡献多大，只要违反了纪律，都必须受到处罚，即使因此损害公司的短期利益，也在所不惜。"

岸信一雄是伊藤雅俊从三井企业旗下的"东食公司"挖来的高级人才。东食公司是日本食品行业的领军企业，而当时伊藤洋货行的食品部门较为薄弱，因而伊藤雅俊希望借助岸信一雄的能力和经验，来提升该部门的竞争力。事实证明，岸信一雄的确不负众望，十年间，他将食品部门的业绩提升了数十倍，使公司焕然一新。

然而，岸信一雄的经营风格与伊藤雅俊截然不同。岸信一雄性格开放，善于交际，喜欢通过应酬来拓展业务，甚至不惜超支交际费用。他对团队成员管理相对宽松，允许他们自由发挥。而伊藤雅俊则奉行传统、保守的管理理念，一切以客户为中心，重视严密的组织结构和规则的执行，对团队成员的要求也非常严格。这种经营观念上的分歧使两人之间的裂痕越来越大，最终不可调和。

尽管岸信一雄的业绩突出，且数据证明他的做法确实有效，但伊藤雅俊无法接受他无视公司制度的行为。伊藤雅俊要求岸信一雄调整经营态度，遵循公司的管理方法，但岸信一雄认为自己的成功证明了他的方法是正确的，拒绝做出任何改变。最终，这场冲突达到了无法挽回的地步，伊藤雅俊毅然决定解雇岸信一雄。

伊藤雅俊的决定并非如外界所批评的那样"过河拆桥"。在他看来，企业的长远发展依赖于稳定的制度，而非个人的短期成就。虽然岸信一雄为公司带来了显著的经济增长，但他对公司规章制度的蔑视，对

第10章 制度不败，用法治代替人治

组织的长期稳定构成了威胁。如果企业允许任何人凌驾于规则之上，势必会破坏整个公司的制度基础，最终导致企业陷入无序。

伊藤雅俊坚信，制度是企业的基石，只有依靠严格的规章制度，才能确保团队的统一和效率。即便一个人的能力再强，如果不遵守制度，长此以往，整个企业的文化和秩序都将被动摇。正如伊藤雅俊所强调的，宁可牺牲短期的业绩，也不能允许企业的基本规则被破坏。

历史上，严明的纪律和制度一直是组织成功的关键。在军队中，纪律更是至关重要的因素。古代的统帅常常通过严格的军纪来保证军队的战斗力，强调通过惩戒和纪律来约束士兵。如果对个别人才过于宽容，那么整个军队的士气和战斗力都会受到影响，最终可能导致战败。

清代名将曾国藩就深知纪律的重要性。他不喜欢那些仗剑走江湖的大侠，更看重军队中铁的纪律。当曾有一位名侠许荫秋前来投奔时，曾国藩拒绝了他的加入。虽然这位侠客武艺高强，但曾国藩认为这种人难以服从军纪，可能会破坏军中的秩序和风气。因此，即便在人才难得的情况下，曾国藩也没有因为个人的能力而破坏自己的规矩。

曾国藩的例子告诉我们，无论是军队还是企业，制度和纪律都是成功的基石。管理者若因个人才能而破例迁就，最终会导致整个组织的崩溃。

不仅是在规章制度的制定上，曾国藩还深知作为管理者的表率作用。他要求所有的士兵和幕僚严格遵守军令，即使是他的亲信李鸿章也不例外。李鸿章刚开始跟随曾国藩时，自认为是进士出身，常常在早晨训练时偷懒，甚至日上三竿才起床。曾国藩看在眼里，起初碍于情面没有说什么，但三天后，他派人传话给李鸿章，提醒他必须遵守军令，按时起床参加晨练。

曾国藩严厉的态度让李鸿章意识到了自己的错误，从此他开始认真对待训练，遵守纪律，并逐渐改掉了文人的骄傲和散漫。曾国藩的严格要求不仅提升了李鸿章的军纪，也为湘军的整体纪律树立了榜样，使湘军在后来的战斗中屡战屡胜。

无论是曾国藩领导的军队，还是现代企业，规章制度都是组织能够稳步发展的核心。如果没有严格的制度约束，团队成员各行其是，企业就会如同一盘散沙，毫无凝聚力和竞争力。一个组织的成功，不仅仅依靠个人的能力，更重要的是依赖于制度的力量。正如伊藤雅俊所展示的，个人的成功无法凌驾于企业的整体利益之上，只有在规则的框架内，企业才能获得持续的成功。

在现代企业管理中，制度不仅仅是规范团队成员的行为准则，更是激发团队成员潜力的良方。良好的制度能够为团队成员提供明确的方向和目标，同时通过公平的激励机制，使团队成员在竞争中不断进步。制度的力量在于它能够统一思想，凝聚团队力量，并通过明确的奖惩措施，确保每个人都朝着共同的目标努力。

与此相对，如果一家企业过分依赖个人的能力而忽视制度的建设，最终会陷入依赖少数能人的困境。一旦这些能人离职或犯错，企业将面临巨大的危机。因此，制度比能人更重要，它是企业长久发展的根基。

因此，当个人感情与公司的制度、原则产生冲突时，例如，在员工的招聘环节、绩效的考核过程、KPI指标的检视阶段以及各种规章制度的执行过程中遇到阻力时，管理者不论面对与自己感情多么深厚的同事，又或者是上级领导，都应当秉持制度至上的原则。切不可因为个人感情而损害制度的权威性，导致制度的效力大打折扣。